世界標準研究を発信した
日本人経営学者たち

小川 進 [著]

日本経営学革新史
1976年
—
2000年

東京 白桃書房 神田

はじめに

　本書は大学院に入学したての学生から博士号を取得しまだ教授には昇進していない若手研究者までを主な読者と想定し執筆した。本書を執筆するのに使用した20年にわたる聞き取りデータは，聞き取りを行ったタイミングも含め筆者でしか集めえなかったものが多く含まれるのではないかと思う。本書を通じ若い研究者の方々には，経営を研究することの楽しさや研究をともにする仲間の大切さ，かけがえのなさを感じ取ってもらえればと思っている。もちろん本書が明らかにする，研究を行う上で新しい研究方法，研究体制，研究発表方法に果敢に挑戦することが重要であることも心にしっかりと刻んでほしい。

　本書執筆のもともとのきっかけは筆者が2013年，一橋ビジネスレビュー（東洋経済新報社）に「日本経営学のイノベーション」というタイトルで4回の連載論文（60(4)-61(3)）を書いたところにある（実際，本書の1，2章には当時の連載が大幅に加筆，修正を施された上で部分的に挿入されている）。その後，日本経営学の対象範囲と期間を広げ，7年間聞き取りを続け，この度，1冊の本として完成することができた。そうした努力を続けられたのは連載を読み興味を持ってくれた何人かの方からの「続編は書かないのか」という言葉あったからだ。とりわけ榊原清則先生からの「この研究が小川さんの代表作になるのではないか」という言葉が「必ず書籍として完成させなくては」と，筆者の気持ちを奮い立たせてくれた。その意味できっかけとなる連載の機会を提供してくれた東洋経済新報社出版局の佐藤敬さんと書籍の完成を筆者の宿題と思わせてくれた榊原清則先生には心から感謝している。

【目次】

第2章　知識創造理論の誕生

第3章　世界規模で自動車業界を研究する

第4章　産学共同の国際研究プログラムを作り世界規模の研究を行う

結章

はじめに

　「最近の経営学系の若い研究者の方たちは日本語で研究書を書くことに積極的でない」そんな声を出版社の方から聞くことが増えた。「本どころか最近は論文でさえ日本語で書くことに熱心な人は減ってきている」とも聞く。日本語で本を書くことが研究者としての最終目標ではないし，大学への就職や他大学への異動，あるいは勤務校で昇進するための必須要件にもなっていない。日本語で論文や研究書を書くことに労力を割くぐらいならその時間と労力を査読付き英文雑誌に投稿する論文を書くために使った方がよい。そう考える若手研究者が増えているのだそうだ。

　確かに，ここ数年，大学で求められる研究の姿が変わってきていることを実感することがある。雑談の際，若手研究者にどのような研究をしているか尋ねると時に出てくるのは掲載を目指す研究雑誌のインパクトファクターの話だ。インパクトファクターは雑誌が対象とする専門分野での影響度を表す指標で高い値であればあるほど同分野の研究に大きな影響を与えていることを意味する。自分が取り組む研究がどれぐらいの評価に値するものかは標的雑誌のインパクトファクターの値で間接的に表現できるというわけだ。若手研究者に限らず最近，日本の多くの研究者は欧米研究者の基準に倣いインパクトファクターの値で雑誌をA，B，C，あるいはメジャー，マイナーとランク付けし，どのランクの雑誌に何本，論文を掲載できているかで自分や他の研究者を評価する傾向が強くなっている。

もちろん，そのこと自体に問題があるわけではない。実際，この30年ほどの間に大学の研究者を評価する仕組みは大きく変容した。教授昇進過程を例に説明すると次のようなものになる。[1] かつて博士号取得は教授昇進の直前に満たすべき条件の１つだった。当時，博士号取得のために提出される研究書は自分がそれまで取り組んできた研究の集大成だった。それが今，博士号は大学院博士課程修了時に取得するものになっている。つまり欧米と同じように大学に職を得る段階で，ほぼすべての研究者は博士号を取得しているという状態になった。博士号が大学教員になるための運転免許証のようなものになったと言ってよいかもしれない。また，研究書の上梓が教授昇進のための選択肢の１つでしかなくなった。研究書を上梓せずとも英文査読付き雑誌への複数本の論文採択実績があれば教授昇進審査に必要な研究能力があると評価されるようになった。しかも論文は単著である必要はなく共著論文も可だ。

　こうした変化を前提とすれば，若手研究者ができるだけ高ランクの英文雑誌に採択されることを考え研究生活を送るようになるのは当然かもしれない。日本語の専門雑誌に掲載されても英文雑誌の方が一般的にインパクトファクターの値が高い傾向があるため，あえて日本語雑誌に投稿する利点を見出すのは容易でない。また研究書を上梓しても書籍の評価にインパクトファクターのような標準的かつ客観的な指標はほとんど存在しない（後述するようにGoogle Scholarの被引用回数を見るという方法があると言えばあるがGoogle Scholarの数字を研究者の実績評価に使うことは現時点では一般的でない）。だとすれば書籍化を目指すより「客観的」評価を得やすい英文雑誌に投稿し採択数を増やす方が研究者にとって昇進，高評価を手にするための「賢い」選択のように見える。

　こうした流れは文部科学省や教育・研究の評価機関でも同様だ。大学の研究能力を評価する重要指標として海外の高ランク雑誌への掲載数や所属研究者の論文の被引用回数を採用することが一般化してきている。大学研究者の労働市場についても同様で博士号取得は必須条件（時に実務者経験が優先される場合はある）で，査読付き雑誌に何本掲載実績があるか，その場合，高ランクの英文雑誌への掲載実績が多ければ多いほど採用審査上，有利になる

状況になりつつある。博士号取得と高ランク査読付き雑誌への掲載実績は客観性が高く，専門分野横断的に評価することが容易で有益な指標だと考えられているのだ。

　高ランク雑誌での掲載や掲載本数を目標とすることや論文の被引用回数を重視することは対象とする研究が同分野でどれだけ影響力を持つ可能性があるか，実際影響を与えたかに注目するものだと言える。多くの研究者にとって同分野の研究者にどれだけ興味を持たれ影響を与えることができるのか，言い換えれば自分の研究が元になりどれだけそれに続く多くの研究を誕生させることができるかが問われる時代になっていると言ってよいのかもしれない。こうした状況の中で特に教授昇進を控える若い研究者たちは汲々として研究を行っているように筆者には見える。閉塞感の中で誰かが声高に叫ぶ「よい論文」や「質の高い論文」を書くという優等生的基準に縛られ，その基準と実際の自分の研究活動との間のギャップをどう埋めればよいかわからず，思い悩みながら研究しているように見える。

　筆者に経験がないため理論のみを扱う研究を除き，経験的研究を含む研究に限定して言えば，経営学はそんな窒息しそうな状態で行わないといけないものではないはずだ。少なくとも筆者の経験からすれば，経営研究は知的冒険であり，未知の世界への挑戦そのものだ。「何がわかったらわかったことにするか」，自分で研究上の問いを設定し，研究上での課題を解決しながら調査を行う。試行錯誤を伴う苦労の末，明らかにできた発見物が他の研究者や実務家にどのように評価され，彼（彼女）らの活動に活かされていくのか（あるいは，いかないのか）。逸る気持ちをおさえながら反応を待ち，結果に一喜一憂する。こうした研究活動全般の中で知的興奮を味わわせてくれるのが経営学ではないのか。

　単に経営研究を行うということでない，専門分野で影響力が高い，より具体的に言えば多被引用回数の研究を行うということになれば話は変わってくるのか。筆者はそうは思わない。

　筆者が知るだけでも，これまで何人かの日本人経営学者が世界標準研究を行ってきた。ここでいう世界標準研究とは同じ専門分野の研究者ならどの国の人間であっても基礎文献として知っているべきだと認識されている研究の

ことだ。俗な表現をすれば同じ研究集団の中で知らなければ「潜りだ」と揶揄されるほどの研究だ。経営学の対象分野で影響力ある研究と言ってもよいかもしれない。幸い筆者は研究者生活30年余りの間に研究会，学会，コンファレンスといった場を通じ，そうした世界標準研究を行った日本人経営学者の方々と直接面識を持ち，論文や研究書には書かれていない研究の成り立ちや背景，裏話を聞かせてもらったことが何度かあった。世界標準研究を行った先達の方々から聞いた話のおもしろさ，学びの多さを自分1人のものにしておくのが惜しく，本人の都合が許す場合，筆者の大学院生向け授業で同じ話をしてもらったことも何度かあった。とにかく研究の中身もそうなのだが，研究を行っていく過程自体が聞いていて知的に興奮するのだ。研究という知的探検に挑み成果を上げていく過程ができ過ぎと言ってもよいぐらいで，作り話ではないかと思うほど聞く者の心をハラハラ，ドキドキ，ワクワクさせる話になっている。しかも最後には苦労した上で明らかにした研究成果が世界標準の経営学研究となっている。成功物語として完結しているのだ。

　本書第2章の中心人物となる一橋大学名誉教授の野中郁次郎から非常に興味深い話を聞いたことがある。[(2)]野中はアメリカのカリフォルニア大学バークレー校で博士号を取得後，1970年代中盤から次々と斬新な概念を発表していくのだがそうした概念や理論を構築するに際し非常に役立ったのが博士課程の学生時代に同校で受けたある授業だったという。バークレーでは経営学の他に副専攻として経済学，心理学，社会学といったディシプリン（基礎専門分野）から学ぶことが必須で野中は社会学を選択していた。野中は副専攻に社会学を選び，社会学の博士課程の学生と共に机を並べて学んだのだが，必須科目に理論構築の方法についての講義があった。「社会学の基礎理論と方法（Basic theories and Method in Sociology）」という名の講義だ。担当はタルコット・パーソンズの一番弟子ニール・スメルサー（N.J. Smelser）と方法論の権威，アーサー・スティンチコム（A. L. Stinchcombe）だった。

　授業では社会学の傑作と言われているモノグラフや体系的な研究書を1つ1つ理論的に分析し方法論的に分析する。第1回目の課題図書はマックス・ヴェーバーの『プロテスタンティズムの倫理と資本主義の精神』だった。野中によると講義は次のように進んだ。なぜヴェーバーがプロテスタンティズ

ムの倫理と資本主義の精神に理論的に関心を持ったのかをスメルサーが解説する。

「マルクスの考えはこうで，マルキシズムの考えはこうだ。ところがヴェーバーは『さにあらず。物質が資本主義を規定するわけではなく，精神だ。しかもプロテスタントの精神だ』と主張したのだとスメルサーが解説するわけです。一種の理想主義と言いますか『プロテスタントの精神こそが意図せざる結果として資本主義を生み出す』ということを理論的に説明するのです」と野中は語る。[3]

次に登場するのがスティンチコムだ。彼はヴェーバーが自分の仮説をどのように検証したのかについて解説を加えていく。

「ヴェーバーは内容分析をしてあるべき理想型を描いているのだ。言ってみれば定性的な因子分析をやっているのだと説明するのです」（野中）。

講義ではこうした調子で10本の課題図書を取り扱ったと言う。課題図書の中には授業担当のスメルサー自身の研究も入っていた。野中は続ける。

「Theory of Collective Behavior というのはスメルサーの大きな業績の1つです。それを彼が取り上げます。本人が講義をして『俺はあの時はもう少しまじめだった』などと本に書いていない文脈を語り始めるわけです。研究者としての生きざまみたいなことを含めて『あの時はこういう問題意識があって，こういうことをやりたいと思った』『これを検証するために相手の協力を得るのにすごく苦労した』『こういう質問票を作ってこうやってみた』といった話をします。そうしたことを10点ぐらいやっていくと自分もできるという気になってくるのです。本で『この人は偉い学者だ』と思っていても会ってみれば我々と大して変わらないと思うようになる。そうすると『俺もできるのでは』という気になるのです。でも実際はやってみるとなかなかできないのですが（笑）」（野中）

新しい研究分野を開拓した，非常に重要な貢献をしたと研究者コミュニテ

ィで認識されている研究を行った本人から当該研究の過程について聞くこと
は多くの気づきや学びを研究者に与えてくれる。課題図書となった研究内容
への理解を深め，研究実施の難しさや乗り越える工夫を知り，自分も影響力
ある研究ができるのではないかと思わせてくれる。こうした視点で手元にあ
る研究者（あるいは学生）向けの方法論の教科書や論文に目を通してみた。
するとマックス・ヴェーバーやカール・マルクスといった大家を除き，他の
研究に影響を与える研究はどのような人物によってどのように生み出されて
いるのか，実際の研究活動そのものについて紙幅を多く割いて紹介するもの
がほとんどないのだ。方法論についての教科書や論文は研究テーマをどのよ
うに選ぶか，どのような手順と手続きで研究を行うのか，最終報告書や論文
はどのように書くのかといった点については見事なまでに理路整然と書かれ
ている。そこでは研究活動がカメラで撮った静止画のようにそれぞれの段階
（場面）が切り取られ解説されている。研究が予定された順序に従い理路整然
と行儀よく進んでいくものとして説明されていると言ってよいかもしれない。

　幸い，筆者も「いわゆるＡ級の研究ジャーナル」に採択されたことが少な
いながら数回ある。そこで発表した研究成果はある日突然生まれたものでは
なかった。大学院の学生時代を経て文献を読み，いくつもの調査を行い，試
行錯誤を繰り返しながら自分なりの視座を持ち合わせた研究成果を発表し論
文が書けるようになった。筆者は１人の研究者として試行錯誤を重ねながら
研究成果を発信していく，若手から中堅の研究者へと成長していくその過程
自体が大切だと思う。しかし研究活動を個々の研究が同時期あるいは時間的
に連続し相互関連しながらより大きな研究成果へと結実していく様子を動画
として記述したり，解説しているものはほとんどない。研究活動は動画とし
て記述され説明されるべきだと筆者は思う。

　このような研究活動を動画として見るという視点で多被引用回数の経営学
研究について，どのような研究者がどのように悩み，どのような過程を経て
研究を発表してきたのかを紹介するものがあるか調べてみた。研究活動を一
連の研究が続く動画として捉えているものに藤本他編（2005）や小池・洞口
編（2006）があったが，日本人経営学者による多被引用回数研究を紹介する
ものとして十分満足できるものかと問われれば，答えは「否」だ。筆者が期

待するのは（時に社会人を経験し）大学院に進学することを決断した後，博士研究を行い，多被引用回数の研究を発表するに至る過程までを時間の経過に従い紹介するものだ。しかし，一部を除き，残念ながら紹介される研究がそもそも多被引用回数でなかったり，研究者として成長していく過程の一部しか記述されていない場合がほとんどなのだ。

　筆者は前述の，野中が受けた「社会学の基礎理論と方法」と同じ役割を果たす書が必要ではないかと思う。経営学者としての成長を追求する者はそうした書を読み，経営学にかかわる研究者が知的冒険としての経営学研究を行う楽しさを知るべきではないかと思う。本書の成り立ちはこうした問題意識を出発点としている。

　そこで本書は影響力ある研究を実際に発表した人物やその関係者の人々を取材し中心人物が研究人生を始めたところまで遡り，試行錯誤の過程を経て対象とする研究が発表されるまでを物語として再構成し紹介したい。本書では世界標準の経営研究を発信した人たちの生い立ちから始め，世界標準研究になる研究のアイデアが着想され，具体的に行われ，発表されるまでの経過を研究者本人の声を中心に記述し，伝えたいと思う。

　本書で取り上げる研究は次のようにして特定した。まず筆者が2000年から2020年までの間に研究過程について取材できた日本人経営学者が行った研究を候補とした。その意味で本書は筆者が20年かけて蓄積した日本人経営学者の研究活動についてのデータを基にしていると言ってよい。そのデータベースを念頭に置いた上で筆者は，誰でも無料でアクセスできるウェブ検索サービス，Google Scholarで被引用回数が多い経営学分野の研究を調査した。Google Scholarの長所は論文だけでなく書籍の被引用回数も知ることができることだ。わかりやすさを優先し，同じ著者を含む研究を除外しながら被引用回数上位4位までの経営学研究を特定した。結果は1位が野中郁次郎と竹内弘高による書，The Knowledge-Creating Company，2位がキム・クラークと藤本隆宏による研究書Product Development Performance，3位がジェフリー・ダイヤーと延岡健太郎による論文 "Creating and Managing a High-Performance Knowledge-Sharing Network."，4位が伊丹敬之（翻訳協力者トーマス・レール：Tomas W. Roehl）による研究書Mobilizing Invisible Assetsだった。

幸い，どの研究者も筆者が研究活動について取材したことがある人物だった。野中と竹内による研究の場合，基になる研究が野中によるものであることが明白だったため，本書では野中に焦点を当てることにした。

　被引用回数の多い研究は興味深いことにダイヤー・延岡以外は書籍の形で発表されたものだった。野中・竹内（1996）は元になる野中による『知識創造の経営』という日本語書籍があり，伊丹の研究書も日本経済新聞社から出版された『経営戦略の論理』の英語訳だ。またクラーク・藤本は英語版が先に出版されているが日本語訳も出版されている。いずれにしても上位4つのうち3つが書籍として研究発表されたものが多被引用回数を記録していた。この結果は多被引用回数の研究を目指すなら日本語ではなく英語で，本ではなく論文で，といった一般に言われていることとは少し異なるものだった。

　ところで近年，欧米発の世界標準の経営理論や実証研究を紹介するものが注目されるようになっている。経営学に関する学術的な最新知識を日本語で知ることは研究者にとっても実務家，学生にとっても非常に有益だ。大学で教える立場にある教員は自分の専門外となる領域については最新のものまで目配りできていないことが多く，そうした分野の最先端の経営学の要点を短期間で容易に知ることができることは大変ありがたい。また，経営学に興味を持つ学生や実務家は手軽に先端経営学を知っておきたいという知識欲を満たすことができる。そうした流れの存在や有益性を認めつつ本書は異なる視点で経営学を見ていきたいと思う。世界標準になっている研究ではなく，その研究が行われた背景や研究を発表した経営学者に注目するのだ。

　研究者が目指すのはあくまでも多くの研究者が取り組みたくなる，人類が取り組むべき新たな研究分野を切り開く研究でなくてはならない。それは多くの経営学者が重要だと考える問題を特定し取り組む問題に対し，新しい視点，概念，枠組みを持ち込み部分的解答や解決に向けた手がかりを与えるものであるはずだ。そうした未知の問題に挑む研究は挑戦し甲斐があり，過程はたとえ苛酷で辛いことばかりが起こったとしても，研究をやりとげ成果を手にした瞬間に感じる達成感は他の何ものにも代えがたいものであるに違いない。それを実現した経営学者たちの人物像や周辺の研究仲間たちにスポットをあてたい。

前置きが長くなり過ぎた。では早速，日本経営学の夜明けと呼ぶべき1970年代を中心に話を始めることにしよう。

〈注〉
（1）　ただし，教授昇進審査の基準は大学や学部によって異なり，一般化することは難しい。ここでは経営学系の学部の教授を評価する仕組みが変容していることを理解してもらうことが目的なので著者の勤務する学部を例に説明する。筆者が働く学部は教授昇進について全国レベルで見ても，これまで保守的かつ高いハードルを課してきたと思うからだ。
（2）　本書では以降，筆者にとって研究や人生の先輩である方々に登場いただくが，全員について敬称を略させていただいている。
（3）　2001年2月28日の野中郁次郎へのインタビュー。以下，この「はじめに」での野中のインタビューはすべて同日のもの。

〈参考文献〉
伊丹敬之（1980）『経営戦略の論理』日本経済新聞社。
伊丹敬之（1984）『新・経営戦略の論理』日本経済新聞社。
藤本隆宏・高橋伸夫・新宅純二郎・阿部誠・粕谷誠（2005）『リサーチ・マインド　経営学研究法』有斐閣アルマ。
小池和男・洞口治夫編（2006）『経営学のフィールド・リサーチ』日本経済新聞社。
Clark Km. B. and Takahiro Fujimoto (1991) *Product Development Performance,* Harvard Business School Press.
Dyer, Jefferry H. and Kentaro Nobeoka (2000) "Creating and Managing a High-Performance Knowledge-Sharing Network: The Toyota Case." *Strategic Management Journal* 21: 345-367.
Hiroyuki Itami (1987) *Mobilizing Invisible Assets* Harvard University Press.
Nonaka I. and H. Takeuchi (1995) *The Knowledge-Creating Company* Oxford University Press.

第**1**章
見えざる資産を核概念とする
経営戦略論の誕生

「見えざる資産」を世界に発信⁽¹⁾

本章の中心人物，伊丹敬之は1945年，愛知県豊橋市に生まれる。一橋大学商学部に合格後，上京し修士課程まで同大学で学び，1969年，カーネギー・メロン大学経営大学院博士課程に入学，1972年に博士号を取得した。その後，日本に帰国し，伊丹は，母校の一橋大学に就職し，独自の経営戦略を展開する。伊丹は，1987年に「見えざる資産（Invisible Asset）」を核概念とする著書 Mobilizing Invisible Assets を出版し，この研究書が被引用回数4,000回（4,145回，2020年7月13日現在）を超える世界的業績となる。

一橋大学に入学後，オペレーションズ・リサーチを専攻し大学院へ

伊丹の生家はかなり歴史のある商家で，生まれ育った時から「経営」という営みが身の回りにあり，経営に自然と知的興味を持つようになっていた。しかも伊丹の父の頭の中では息子が行く大学は生まれた頃から一橋大学と決

■写真1　伊丹敬之

11

まっていたのだそうだ。「商人の息子が官僚になる人が行く東京大学に行くことはまかりならん」ということだったのだ。

伊丹の指導教官となった宮川公男は計量経済学と統計学を専門としていた。伊丹は理論的に経営のことを考えたいと思っていた。しかし，一橋大学商学部に入学して経営学の概論的な授業を履修し講義に出たのだがその中身は期待を裏切るものだった。担当していた教官がノートを持ってきてそれを読み上げるだけなのだ。伊丹はその様子にうんざりしてしまっていた。

「一橋で有名な経営学の先生方なのに授業は本当につまらなかった」（伊丹2000）

「何のために俺はこんな授業に出ているんだ。ノートをもらって勉強して単位をとれば十分だ」と思い，講義に出席するのを最初の数回でやめてしまった。

「まったく意味のないことを経営学の担当の先生たちはやっている」と伊丹は思った。そこで「きちっと論理構成をして最適な解があるのなら計算をして解を出せばいいじゃないかと極めて単純に考えました。当時，宮川先生が一橋で初めてオペレーションズ・リサーチ関係のゼミを持ち始めた頃でした。私はゼミの３期生だったと思います。志望者も少ないので入りました」（伊丹2000）

伊丹は学部を卒業し，大学院に進学するのだが，それは通常考えられるような，伊丹に向学心があり学者になりたいからという理由からでは決してなかった。伊丹は将来，学者になるなど全然思っていなかった，と言う。できることなら彼は学部を卒業したくなかった。

「学者になるともなりたいとも思っていませんでした。あんな辛気くさい職業は嫌だとまで思っていました。自分の将来を，あえてイメージすればジャーナリストになるとか，企業の企画か何か，コンサルティングをやる

のかなといったことを思っていました。ただ，いつか就職するとしてもその時はとにかく大学を今出てもしようがないではないかというように思っていたのです」（伊丹2000）

　伊丹は学部で留年したかったが，父親がそれを許さなかった。父からは「留年するなら金を出してやらない」と言われてしまうのだ。
　伊丹は中学のころから学校の教師ともめごとをよく起こしていた。例えば，中学の時，何かの理由で生徒の振る舞いに怒った教員がクラス全員に反省文を書くように言ったことがあった。その反省文を伊丹は漢文で書いて提出してやろうと思った。学校に出す反省文を書くので漢文を教えてほしいと父親に頼みに行ったことを今でも伊丹は覚えている。

　　「先生をばかにしていますよね。本当によくない学生でした。そういう私を知っていますから，親父からは『おまえみたいなやつは，おそらく社会に出て会社に勤めても必ず上司とぶつかる』と言われました。そこで親父は『おまえみたいなのはひょっとしたら学者みたいなのがいいかもしれないから，大学院に行くのであれば金を出してやろう』と言いました。そう言われたのでしかたなく大学院に行くことにしたのです」（伊丹2000）

　伊丹は学部のゼミで勉強するうちに，学問に興味を感じていた。数学モデルで表現された世界で最適解を数学の論理で作っていくと出てくるいくつかの数学的な概念がある。その概念が現実の世界ではどんなものに当てはまるか経済学的に解釈する。そのセンスが宮川には抜群にあり，数学的概念を経済学的に解釈するのが非常に得意だった。宮川から出るそうした話を聞いておもしろいと伊丹は思うようになっていたのだ。だから伊丹は大学院に進学することは悪くないと思っていた。
　そこで宮川に相談してみた。「大学院に行くつもりはなかったのですが親が学部で留年するなら金を出さないと言うのです。ただ，大学院なら金を出してくれるというので大学院に行こうと思います」と話してみたのだ。すると「ああ，いいよ。修士なら2年だ。就職先はあるだろう」と，拍子抜けし

そうになるほどあっさりとした返事が宮川から返ってきたのだった。

研究がおもしろくなりアメリカ留学

　大学院の試験に合格し，進学してから伊丹は数学や計量経済学を勉強することに熱中した。経済学部の大学院の計量経済学や数理経済学といった授業を好んで履修した。出席した授業の数は商学部の大学院の授業よりも多いのではないかと思うほどだった。こうして大学院に入り，経営現象に数学を使って解を与える研究に取り組むうちに伊丹は研究自体をおもしろいと思えるようになっていった。気がつくと伊丹は将来学者になるのは悪くないと思うようになっていた。修士論文は「ストキャスティック・プログラミングにおけるデュアリティ」というタイトルで書いた。

　修士2年を迎えた頃，伊丹はアメリカに留学することを考えるようになった。伊丹の人柄の一端を表すエピソードだが，1年先輩がフルブライト奨学金でペンシルバニア大学に留学したのを見た伊丹は「そうか，あの人が留学できるなら俺もできるかもしれない」と思ったと言う。しかも留学すれば，本当に厳しいアメリカで優秀な人間が集まる大学がどんな様子なのか見ることができると思い胸がわくわくした。

　伊丹が願書を出したのは第一志望がカーネギー・メロン大学で第二がスタンフォード大学，第三がケース・ウェスタン・リザーブだった。どれもオペレーションズ・リサーチの研究者がいて慣れ親しんだ分野で博士研究ができそうなところだ。

　カーネギー・メロン大学を第一志望にした理由を伊丹は次のように説明する。

　「オペレーションズ・リサーチの中に2つのタイプのものがあります。1つがオペレーションズ・リサーチで開発した数学的ツールを経営に応用するタイプのものと，もう1つがツールそのものを開発し数学的に先鋭に磨くというタイプのものです。私は数学的に先鋭的に磨く数学的素養がないと思ったので応用の方をやろうと思いました。そう考えた時，当時，世界

的に見て一番いいのがカーネギーだと多くの人が言っていました。そこで第一志望にしようと思ったのです」（伊丹2000）

　伊丹は先輩と同じように修士2年の時にフルブライトの留学生試験を受けて合格し，留学先も無事，第一志望のカーネギー・メロン大学に合格し渡米することになる。1969年，一橋の博士課程後期に進学して4か月経った頃だった。

恩師井尻雄士との出会い

　カーネギー・メロン大学は当時，後にノーベル経済学賞を受賞するハーバート・サイモンや企業の行動理論で有名なリチャード・サイアートという錚々たるメンバーが在籍していた。博士課程の学生は1学年10名を少し上回るかどうかといった程度で，専攻できる分野は組織論や会計，マクロ経済学と多岐に及んでいた。伊丹が履修した講義の範囲も数理社会学，マクロ経済学，数理経済学，心理学と多岐にわたるものだった。

　多彩な研究陣を擁するカーネギー・メロン大学の所帯の特徴から伊丹は博士研究の専門を決めるのに多様な選択肢から選ぶことになった。実際，マクロ経済学分野で有名なアラン・メルツァーと数理計画法の世界で有名なエゴン・バラスの両方から「おまえ，おもしろいのだったら俺のところでPh.D.論文を書いてみるか」と誘われることがあったという。後述するように伊丹は会計学で博士論文を書くことになるが「会計と数理計画法とマクロ経済学が同時に専攻分野の選択肢になるなんて（外部の人から見れば）むちゃくちゃ広い選択の幅がありました」と伊丹は言う（伊丹2000）。そんな陣容の中で伊丹が指導教員として選んだのは日本人の会計学者，井尻雄士だった。

　井尻の経歴は次のようなものだ。1935年神戸市生まれで，商業高校を卒業前に公認会計士一次試験に合格し，同志社大学短期大学夜間部在学中に二次試験合格する。公認会計士の資格を得るには3年間の実務実習が必要だが井尻はそれを立命館大学法学部の夜間に通いながら修了し1956年，現在でも最年少記録の21歳で公認会計士の資格を取得する。その後，東京で3年間，監

査実務を経験し渡米，1960年にミネソタ大学で修士号，1963年にカーネギー・メロン大学で管理会計で博士号を取得する。井尻は1963年から1967年まではスタンフォードで教鞭をとり1967年，母校のカーネギー・メロン大学に弱冠32歳の若さで正教授（Full Professor）として戻ってきていた。

　伊丹が井尻に初めて会ったのはカーネギー・メロン大学への留学が決まった頃だった。井尻が一橋大学で講演をする機会があり，同大を訪問した時だ。会ったといっても短い挨拶を交わす程度のもので実際にちゃんと会話するようになるのはアメリカに渡ってからだった。

専攻をオペレーションズ・リサーチから管理会計へ

　カーネギー・メロン大学に行くとそこに井尻がいた。井尻は日本語を話すということで研究のアドバイザーの1人になり，寂しいだろうからと自分を食事に呼んでくれるようになった。井尻と接する機会が増えていくにつれて伊丹は彼のことを自分が生まれて出会った人の中で一番，頭がよい，すごい人だと思うようになっていった。そうであるなら自分の研究分野をオペレーションズ・リサーチから管理会計に変え，井尻に指導教員になってもらうのがよいのではないかと伊丹は思うようになっていった。

　もちろん，井尻に指導教員を頼むことに伊丹に躊躇がなかったわけではなく，伊丹なりに悩んでいた。そんな時，ある人物から助言をもらうことになる。

　「オペレーションズ・リサーチを勉強しにきたのだけれど先生が偉いからといってころっと変えてしまう，会計でもオペレーションズ・リサーチを使えるからと先生を変えてしまう。そんなことをしてよいものかどうなのかと思っていた時に日本からある視察団がやってきました。当時，アメリカにいろいろな視察団が来ていたのです。その視察団に，一橋の先輩で後に三菱化成の社長・会長と日経連の会長を務められることになる鈴木永二さんという方がたまたま専務として入っていらっしゃいました。こちらは貧乏学生。出身も同じ愛知県だったものですから，いらっしゃった2，3週間の間によく食事に連れて行っていただきました。ある日，町で食事をし

た時,（井尻先生に指導をお願いしようか悩んでいた）そういう時期でしたのでそういう話をしましたら『伊丹君，そういう時は，自分が本当に大切だと思うことをやればいいんだよ』とアドバイスをいただきました。『そうか。それでいいんだ』と素直にそのアドバイスに従い専門分野を変えることとにしました」（伊丹2000）

博士研究から就職へ

こうして伊丹は専門分野をオペレーションズ・リサーチから会計に変え，井尻の下で博士論文を書くことにする。当時のカーネギー・メロン大学の経営大学院にはそうした分野変更を許す雰囲気があった。「研究分野を変えたと言うより，井尻先生に指導してもらいたかっただけである」と伊丹は会計専門誌の井尻の追悼記念号で書いている[2]。

伊丹の博士論文は数理計画法のモデルを予算管理に適用したもので，オペレーションズ・リサーチでそれまで学んだ蓄積を活用したものだった。

「オペレーションズ・リサーチや数理計画法で管理会計の接点で自分ができることを探しました。どういうテーマがあるのだろうとおそらくいろいろなジャーナルを見たのでしょう。すると予算管理に数理計画法を使う論文がある。これなら私でもできるかもしれない。そういう理由だったと思います。本当にふらちな，私のゼミでそんなことを言ったら学生はきっと叱られるだろうなと思う決め方をしました（笑）」（伊丹2000）

やがて博士論文の完成が近づくと就職をどうするかという話になり，井尻の紹介でスタンフォード大学への就職が実質上，決まる寸前まで進むことになる。ちょうど，その頃に一橋の指導教官だった宮川から一通の手紙が伊丹のもとに届く。中身を読んでみると，そこにはオペレーションズ・リサーチの教官として一橋に戻ってこないかと書いてあった。

一橋に教官として戻る

　宮川は後述する同僚の今井賢一と一橋大学商学部の改革を企てていた。今井は一橋の研究改革で鍵を握った人物なので少し詳しく紹介しておこう。今井は1931年生まれで1956年に一橋大学の経済学研究科で修士号を取った後，いったん，電力中央研究所に就職し1964年に同大商学部付属の産業経営研究施設に助教授で就職していた。

　「僕はもともと学者になる気がありませんでした。学部では産業連関分析をしていて調査機関に就職したいと思っていました。その話を聞いた中山伊知郎先生が電力中央研究所というところがあるから行かないかと言ってくれて渡りに船だったのでそこで働くことにしました。そのうちに商学部の産業研究施設で高宮晋という先生が同僚とあわなくて辞めるという話があってそのポストに私が就職することになりました」（今井）

就職してみて今井は商学部の研究体制に危機感を持った。

　「当時，商学部は藻利重隆さんが天皇のような存在で文献を中心とした研究をしていました。ある時，一橋で開いた懇親会で酒の席だったこともあって気軽に僕が『これでは駄目になりますよ』と藻利さんに直接言ったら取っ組み合いのけんかになってしまったことがありました。ただその後，学部教官のみんなが『よくやった』と言ってくれました。世間的には商学部の教官より社会学部で教えていた津田真澄さんの方が有名な時代でした。『これではいけない』と思い人事採用で改革をしようと思いました。そこでまずは留学をしていた伊丹君を採ろうということになったのです」（今井）

宮川も今井と思いは同じだった。文献研究中心から実証研究中心の研究拠点に変えていきたいと思い，その先兵として伊丹に教官として戻ってきてもらいたいと思い伊丹に手紙を書いた。
　宮川からの手紙を読んだ伊丹は就職先をスタンフォード大か母校にするか

で悩みに悩み，父親に手紙で相談することにした。返ってきた父からの手紙にあったのは「帰ってこい」という文字だった。「親としてやはり子どもに帰ってきてもらいたかったのでしょう」と伊丹は言う（伊丹2000）。

> 「もう1つは長期的なレンジでどちらの国で暮らすかと考えた時には多分，日本人である自分は日本の社会で大学の先生になった方がソーシャルインパクトやソーシャルミーニングフルネスといった満足感は得られやすい状況になるだろう。アメリカ社会における日本人研究者として何かをやるということとは違うだろうと思いました。日本人だから日本へ帰ろうというような思い，これが一番大きな理由でした。帰るといっても別に永久に帰ったままでいる必要はないので，行ったり来たりすればいいだろうと思いました」（伊丹2000）

日本に戻ることを決めた伊丹は井尻にそのことを告げた。「もったいない」というのが井尻の第一声だった。アメリカでの学者生活を選択していた井尻に対し伊丹は不義理をしたような申し訳なさを感じた。[3] しかし，最後は「でも，君の気持ちもわかるよ」と言ってくれた。

研究がアメリカで評価される

アメリカに残らず日本に戻った伊丹だが博士論文に対するアメリカ会計学会の評価は高かった。1977年にアメリカ会計学会から Adaptive Behavior: Management Control and Information Analysis というタイトルの本が出版され，この書籍は日本でも評価され，1978年度の日経・図書文化賞を受賞する。同賞は学会の枠を超え研究成果が高く評価される書籍に対し毎年贈られるものだ。

博士研究が評価されアメリカの会計学会から本を出版してもらえた。そのことはアメリカの学会で活躍するための蓄積財産としては強力な武器なので，その武器を活かし何かやりたいと伊丹は思った。当時，アメリカの会計学は数学，計量経済学，理論経済学が会計の研究に使われる勃興期だったことも

あり，伊丹は「会計研究の最先端にいる」と言っている人たちがどの程度の
レベルの研究をしているかわかり，これなら自分もこの分野でやっていける
と思っていた。そこで伊丹はしばらく会計の研究を続けた。アメリカの学会
のしきたりの枠の中で活動しジャーナルに論文を投稿し，採択されるという
活動を行った。そうした活動が評価され，一橋に戻った2年後，スタンフォ
ード大から1年間，客員准教授として招待されることになった。

数学を経営に応用することを考えるのをやめる

　当時，伊丹は情報の経済学に興味があった。情報の経済学を一生懸命やりた
いと思い，もう少し数学を勉強し直そうとスタンフォードで管理会計の授業
をしながら空いている時間に数学科の授業を受けることにした。自分が取り
組みたい課題をどれだけ数学で解決できるか考え，数学の専門家に相談した。
しかし，残念ながら伊丹が求めるものはそこになかった。悶々とする日々を
送る中，キャンパスを歩いていると不思議な気持ちが伊丹を襲った。

　「今でも覚えています。スタンフォード大学のキャンパスを歩いていて
『もうこんなことやーめた』と思う瞬間があったのです。そう思った場所を
明確に覚えています。『あの木の下だ』と。なぜやめたかと言うと，何か現
実に起きている現象，当時は情報や会計がどのくらい（経営という現実の
中で）価値があるか，意味があるか，もう少しわからないんだろうかとス
タンフォードの数学科の授業を取ったり，数学のとてもできる人に相談し
ていたのですが，（当時の）数学を使って何をやっても『数学ってこんなに
能力がない（数学で明らかにできることが自分が期待していたものにはる
かに及ばない）んだ』ということがわかったのです。それでこんなばかば
かしいことをしているよりは，自分で理解できたと実感できるタイプのリ
サーチをやった方がおもしろいだろうということで『やーめた』と思った
のです。それ以降，一切，数学を経営に応用することを考えるということ
をしなくなってしまいました」（伊丹2000）

その後，スタンフォードから再び日本に戻った伊丹は日本で現実のデータを自分なりに分析することを見よう見まねで始めることにする。伊丹は日本での大学院時代，計量経済学を勉強し，モデルをつくり，財務データを入力しコンピュータで計算する作業をそれなりに経験していた。だから伊丹にとっては「まぁ，もういっぺんそういうことをやるか」といったようなものだった。

管理会計から足を洗う

不思議にも伊丹は管理会計を自分の専門として続けることに執着しなかった。

　　「アメリカの会計学会で論文を書いて『ジャーナル』に載ったりしていましたけれども，だからその分野を続けようという気は不思議にありませんでした。あまりこだわらないのでしょうか」（伊丹2000）

ただどのようなタイプの仕事をしようかと思った時に思い出す言葉があった。伊丹にとってもう1人の恩師にあたる今井賢一が言った言葉だ。「伊丹，おまえ自分の周りでこの人はまっとうだと思う人のサークルの仕事をするようにした方がいい。自分がたまたまこれまでやってきた研究はこれだとか，こういう分野の先生になったとか，そういうしがらみをそれほど強く感じない方がいいのではないか」という言葉だ。

　　「そう言われてみると私は確かにアメリカで井尻先生という方の下でPh.D.論文を書いてしまおうと分野を変えてしまったわけです。それも同じディシジョン，プリンシプルなのです。なるほどと思いました」（伊丹2000）

伊丹は今井のアドバイスに従った。その結果，研究テーマが話をして知的におもしろいと思える人たちと同じタイプで，自分がこれまでやってきたこ

ととも関係あるものへと変化していくことになる。

「それは別に管理会計が嫌になったのではなくて，周りにいるインテレクチュアル・エネルギーのようなものの高低の差に正直に自分が反応したという感じです。それと，もともと私の頭の中のトレーニングの基礎は経済学なのです。現象としては経営学が対象とする現象に興味があるのですが，自然と経済学系統の人たちとお付き合いが増えていくということになったということです」（伊丹2000）

未来の同志との出会い

「知的に高いエネルギーを持つ仲間に反応して研究テーマを決める」，伊丹のこうした姿勢がさらに大きな成果を生む時がやってくることになる。何か現実の現象を自分で分析してみたいと，いろいろなことを試験的に始めていた時に伊丹にとって「非常に幸運なこと」が起きるのだ。その「幸運の女神」はカーネギー・メロン大学時代に交流があった，4歳年上で，神戸大学経済経営研究所で助教授をしていた吉原英樹だった。

伊丹がカーネギー・メロン大学に入学（1969年）して2年目の1971年1月から6月まで，吉原が同大学のハーバート・サイモンのところに留学してきた。伊丹は吉原とは同じ大学の博士課程で2年先輩の豊田利久を通じ知り合った。豊田は神戸大学経済学部からの留学生だった。またハーバート・サイモンと井尻は共同研究をする仲で非常に親しく，そういう意味では豊田とサイモンと井尻の3人が伊丹と吉原を引き合わせたと言ってよかった。

「吉原さんと会って話をしていたら，経営学をやっている人で初めて頭のよい人に会ったと感じました。きちんと論理的に話せ，しっかりとしたことを考えていることがわかりました。一橋で古い世代の有名な経営学の先生の授業が本当につまらなくて『何考えているんだ，この人たち』と思っていたので，吉原さんと会った時，（経営学者に）初めてまっとうな人間がいるんだ！という非常に新鮮な驚きを感じました。これなら付き合う気に

なれると思いました（笑）」（伊丹2000）

　伊丹と吉原は日本人が現地に少なかったということもあり親しく付き合った。しかし，当時は研究を一緒にやろうということもなかったし，将来，共同研究をすることになるとはよもや思いもしなかった。

　　「だって当時，私は数理計画法でしたから。吉原さんは，サイアートがどうしたとか，サイモンがどうしたとか，組織論を研究していましたから」（伊丹2000）

　経営学に詳しくない人にはピンと来ないかもしれないから例えて表現すると，クラシック音楽を作曲する人とアニメ音楽を作曲する人が一緒に仕事をすることを考えもしないといった感覚に似たものだったのではないかと思う。その2人があることをきっかけに共同研究を始め，大きな成果を上げることになるのである。

転機

　日本の経営学にとって1976年秋は大きな転機になった。

　　「すげぇな，吉原さん。度胸あるわ」

　日本経営学会の50周年記念大会での吉原の発表を聞きながら一橋大学で当時専任講師だった伊丹はそう思った。会場は神戸大学，統一論題は「経営学の回顧と展望」だった。前述のように2人は旧知の仲だった。
　外国文献を読み，内容を要約，紹介，解説し，批判するだけの文献研究はもうやめよう。これからは日本企業を対象とする実証研究をしよう。それが発表の主旨だった。実は文献研究は前世代の研究者たちが行ってきた研究スタイルだった。そうしたスタイルを続けることを吉原は否定したのだ。
　伊丹は吉原の恩師の占部都美も文献研究中心の研究者だと思っていた。実

際には占部は『事業部制と利益管理』（白桃書房，1969年）や一連の企業形態論に関する研究で実証分析を行っていた。しかし，伊丹は占部の研究を詳しく知らなかったため当時の一橋大学の看板教授と同じように文献中心で研究を行っていると思い込んでしまっていた。だから占部の目の前で「文献研究をやめましょう」と語る吉原を伊丹は「度胸ある」と思ったのだ。

　吉原が文献研究からの卒業を主張するようになるには伏線があった。アメリカの在外研究先での2人の学者とのやりとりがずっと彼の心に残っていたのだ。その1つがカーネギー・メロン大学のハーバート・サイモンとのものだった。

　前述のように，吉原は1971年前半の半年間，カーネギー・メロン大学に滞在していた。それは，サイモンの下で学ぶためだった。サイモンとは毎週1回，30分から1時間会って意見交換する機会をもらえていた。

　　「行く前にもすごい人だと思っていましたが，行ってみるとカーネギー・メロンでも別格扱いでした。学部長室のような大きく立派な研究室で研究されていました」（吉原）

そのサイモンと毎週，会って話をしていると困ることがあった。

　　「サイモン先生には『あなたはどう思いますか』とよく聞かれました」（吉原）

　在外研究前に日本でしていたことは当時の先輩経営学者と同じスタイルの文献研究だった。だから誰がどのような研究をし，主張しているかは誰より上手に答えることができた。しかし，サイモンが問う，吉原自身がどのように考えるかについて彼はほとんど何も答えることができなかった。本当にそれでよいのか。吉原は自問した。

　もう1つのエピソードは在外研究後半で滞在したバンダービルト大学でのイゴー・アンゾフとのものだ。1971年9月から吉原はイゴー・アンゾフがいるバンダービルト大学に移り研究した。アンゾフは当時の企業戦略論の大家

だ。

　「バンダービルト大では毎週，金曜の夕方，気軽にサロンで教員同士が語
り合う時間がありました。その席でイゴー・アンゾフ先生が他のメンバー
に私のことを紹介するのに次のような紹介の仕方をしたのです。『ヨシハラ
は俺以上に俺の（研究で言っている）ことをわかってるんだ』と」（吉原）

　「これは何かおかしい」と吉原は思った。そう思った吉原は他の研究者の研
究を解説するのではなく，自分の研究を語り耳を傾けてもらえるようになる
ことが自立した研究者が目指すべき方向ではないかと思うようになっていく。
　そうした思いを持つ中，吉原が帰国すると日本でも日本人研究者による企
業を対象とする実証研究が少ないながらも発表されつつあった。また吉原と
同じ講座の教授だった井上忠勝がアメリカ企業の歴史研究をしていて実際の
企業を研究対象とすることに吉原は興味を感じ始めていた。バーナードやサ
イモンに関する文献研究が主流の中，こうした実証研究が経営学の未来を切
り開くと考えた吉原は経営学会全国大会で自らの主張を発表した。
　伊丹はその時の状況を語る。

　「文献研究をやめて何をするのかといったら，日本企業を対象とする実証
研究を積み重ねる必要があると言うのです。発表後すぐ，吉原さんのとこ
ろに行きました。そして『あなた，やらないといけないと言ったよね。で
は，やりましょう。俺はどこかから研究用の金を取ってこれると思う。だ
から神戸と一橋でやりましょう』と共同研究の話を持ちかけたのです」（伊
丹2000）

一橋2名，神戸2名で共同研究を始める

　スタンフォード大学から帰って現実の現象を自分で分析することを見よう
見まねでやり始めていた伊丹は吉原の発表に気がつけば自然と反応していた。
吉原の指し示した日本経営学の未来のあるべき方向に自分のこれからの研究
スタイルを重ね合わせた伊丹は吉原を共同研究へ誘い，吉原もそれを快諾した。

さらに伊丹は2人でなく4人で研究チームを作ることを提案した。「4人で
やりましょう。神戸大から誰かもう1人いませんか。一橋からもう1人連れ
てきますから」と。

　吉原が連れてきたのは占部ゼミの後輩，加護野忠男だった。吉原が加護野
に声をかけたのは同じ占部都美ゼミ出身の後輩で経営の全体について研究し
ているのは加護野ぐらいで相談を受けることがよくあり仲がよかったからだ。
また，実際に実証研究を行ってみて気づいたことだったが加護野は日本企業
のことをよく知っていた。

　　「私は製造・販売が一体となっていて独立採算になっていれば企業では事
　　業部と呼ばれていると思っていましたが実際は製造事業部，販売事業部と
　　いうのが結構あるということを加護野に教えてもらいました」（吉原）

　伊丹が連れてきたのは商学部の同僚の佐久間昭光だった。当時，同じ商学
部で実証研究に取り組んでいる若手を考えた時，佐久間がただ1人と言って
よい存在だったのだ。

　メンバーそれぞれの持ち味は補完的で加護野が経営学，佐久間が経済学・
計量分析，吉原が企業の個別事例についての知識を有し，伊丹はそれらすべ
てをまとめるオールラウンドプレーヤー的な知識を持っていた。歳は吉原を
頂点に佐久間，伊丹，加護野と2歳きざみで，多様なバックグランドを持っ
た若手だけよる大学横断的な共同研究が立ち上がることになる。

　実はこの共同研究プロジェクトが日本経営学の重要な転機となる。直接的
には，日経・経済図書文化賞を受賞することになる『日本企業の多角化戦略』
という研究書が生まれる。また間接的には本プロジェクト（以下，多角化プ
ロジェクト）から情報的資源という概念の着想を得た伊丹が同概念を軸の1
つとする『経営戦略の論理』を発表することになるのだ。同書は英語で1987
年にHarvard University Pressから発刊されることになり，情報的資源は「見
えざる資産（invisible asset）」という概念として海外発信されることになる。
さらにその後，伊丹と加護野の2人はロングセラーの教科書『ゼミナール経
営学入門』を書くほどの研究上の重要なパートナーになるのだが，2人を引

26

き合わせたのがまさに多角化プロジェクトだったのだ。

多角化プロジェクト

「研究テーマはなんでもよかった」（伊丹2000）。そこでメンバーの加護野がすでに取りかかっていた「企業の多角化戦略」をプロジェクトのテーマにすることにした。製品市場戦略（多角化戦略）と市場成果に関する既存文献のレビューを加護野がすでに発表していたのでそれを出発点にすることにした[4]。

レビューを通じてわかっていたことは次の2点だった。第1に，企業の成長行動を理解するためには経営資源が重要な概念であること，特に多角化では技術・競争面で特殊化（企業特定的に蓄積）された経営資源がカギになること。第2に，経営資源との関連を考慮した多角化の分類としてはリチャード・ルメルトの研究Strategy, Strucutre, and Economic Performance（1974）が参考になることだった（実際，多角化プロジェクトはルメルトの研究を参考にした）。

レビューは実質上，すでに終わっていたのでプロジェクトにとっての当面の課題は日本企業の多角化についてデータを収集することだった。幸いにも基礎データになる日本企業の企業別事業別の売上構成比データがすでに存在していた。伊丹の恩師，今井賢一を中心とする研究チームが日本経済センターですでに収集をしていたのだ[5]。

日本経済センターは日本経済新聞社が情報メディアであると同時に経済情報集積の中心でもあるように，当時，社長だった圓城寺次郎が創設したものだ。第一段階として慶応大学の尾崎巌が産業連関表のデータベースを作成し，第二段階として日本企業のデータを集めようということになった。このデータの収集を尾崎のデータ収集に協力した今井が行うことになり，特に当時，日本企業の多角化が目立ち始めていた一方で，そうした実態を把握するデータが存在しなかったので集めようということになった。今井は成蹊大学の若手で産業組織論を研究していた後藤晃と一緒に多角化データを集めた。そのデータが存在していたのだ。

この日本企業の多角化データの存在を聞きつけた伊丹が今井のところに行き，使用させてほしいと頼んだ。実はデータはセンター外の者は利用できないという規則だった。しかし，今井はデータの利用を許可した。

　「センターは利用を許可してもよいと言ったわけではなかった。でも絶対使ってはいけないとも言わなかった（笑）」（今井）

　伊丹らはこのデータセットを基に日本企業の多角化戦略を分析するのに必要なデータを追加し分析していった。

合宿で気持ちを通い合わせる

　4人は研究合宿を何度か重ねた。「合宿作業は軽く20回を超えていた」と吉原は言う。研究費を調達したのは伊丹だった。

　「最初に合宿と称するものをやったのは軽井沢でした。私はいろいろなところで誰かに金を出してくれと言うのが得意で，『中央公論』にこういうことをやるから金を出せと言いました。『中央公論』には当時『経営問題』という雑誌があって『その雑誌に原稿を書きます。そのために多角化でこういうものをやります』と言ったわけです」（伊丹2000）

　軽井沢を皮切りに行われた合宿はほとんどが二泊三日で東京と神戸の人間が物理的に同じ場所に集まって議論する。交通費や宿泊費だけを考えてもまとまった金が必要だと伊丹は考えた。

　「金をどうするか。これは（恩師の）宮川さんのところに頼みに行きました。『生産性本部から金を取ってほしい』と言ったら『わかった』と言って300万円くらいポンと出てきました。私は生産性本部の仕事をやっていました。すでにある研究助成への応募ではなく，特例の研究助成を立ち上げてもらい申請書を私が書きました」（伊丹2000）

合宿は４人にとって仕事であると同時に楽しみでもあった。当時のことを吉原は次のように述懐する。

　「軽井沢や六甲，箱根にある研修所で合宿しました。二泊三日がほとんどで箱根では２，３回合宿しました。静岡県の三島駅近くにあるうなぎ店の姫沙羅（ひめしゃら）で合宿の行きか帰りに必ず食事をしたのを思い出します。うなぎがおいしかったし，合宿はとても楽しかった」（吉原）

　コンピュータを使ったデータ分析は記述統計のまとめは吉原，データ分析は伊丹と加護野が担当した。当時のことを吉原は次のように思い出す。

　「京都大学に設置されていたコンピュータFACOMを使って計算をしました。当時は姫路に住んでいて姫路駅から新幹線に乗って京都駅からタクシーで京大に行きデータ処理をしました。せっかく往復１万円かけて行ったのにうまくコンピュータがまわらなくてアウトプットが出ず，がっくりして帰ったこともありました。アウトプットで印字した紙が大量で，1975年に子供が生まれていたのですが，廊下に広げられた紙の裏に子供が落書きをして遊んでいたこともありました」（吉原）

■写真２　左から吉原，加護野，佐久間，後ろが伊丹。

情報的資源の誕生

　多角化プロジェクトのブレークスルーが生まれたのは神戸大学の会議室だった。

　　「六甲山上の合宿後，神戸大学経営学部の部屋で議論を続けたのです」（吉原）

　この時のことは吉原も伊丹も明確に覚えている。

　　「情報的資源の考え方が生まれたのは神戸大学の会議室でした」（伊丹2000）

　多角化戦略のパターンと市場成果との関係を説明するのに彼らは既存研究で使われていた経営資源という概念に注目した。しかし，ある研究会で発表したところ批判を受ける。それは「技術でもブランドでもどんなものでも経営資源という同じ言葉で呼んでしまうのか」というものだ。
　これはまずい。経営資源についてもっと概念的に整理する必要がある。メンバーはそのための作業を行い，経営資源の要素としてそれまで考えられていたヒト，モノ，金という有形の財産に「情報的資源」という無形の財産を新たな要素として加えることを思いついた。吉原達は，情報的資源は，

①技術や顧客ニーズについてのノウハウといった環境情報
②ブランド・イメージや企業の信用といった企業情報
③組織風土や企業体質といった情報処理特性
の３つからなると考えた。その分類を整理した図を伊丹が描き，それを吉原が「温泉マークモデル」と名づけた（図表1-1）。

　　「ヒト，モノ，金，以外の技術とかブランドとかいろいろなことを俺たちは大切だと一生懸命言っているね。その本質は何だと議論していくと本質

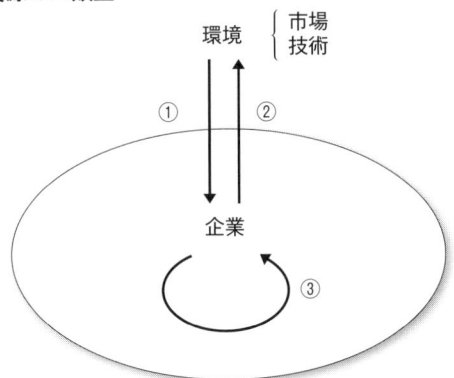

出所：吉原他著『日本企業の多角化戦略』図1-5，30頁。

は情報だなということになったのです。ブランドも組織文化も技術も入る，そういうものが大切だということでそれらを表現するために情報的資源という概念をつくり，それを軸に整理してフレームワークを作りました」（伊丹2012）

こうしてルメルトの研究と日本企業の多角化データの分析を出発点に始まった共同研究は情報的資源というキー概念を生み出し，それを基にデータ分析した結果をまとめた『日本企業の多角化戦略』は1981年に日本経済新聞社から発売された。この研究は学会を越えて高い評価を受け1981年度の日経・経済図書文化賞を受賞する。

新しい経営戦略論を展開する

多角化プロジェクトで情報的資源という概念が生まれたが，この概念を経営戦略論の中心概念に位置づけ展開したのはメンバーの1人，伊丹敬之だった。

「これもまたお経だな」，共同研究の必要性に迫られて経営戦略の本を読んでいた伊丹はそう思った。前述のように，一橋で経営学の講義を受けた時の教授の話がお経のように聞こえたがアメリカで出版されている経営戦略の本を読んでみてもお経が書かれているように思えたのだ。

研究テーマは何でもよいと思って始めた共同研究だったので企業の多角化（経営戦略）というテーマは伊丹にとって土地勘のない分野だった。そこで経営戦略について書かれた本に目を通してみるのだが，経営者の訓戒，坊主のお経のような感じがしてならない。

　「アメリカの先生たちが書いている本もお経かと思いました（笑）。何かマトリックスが出てくるのですがお経がマトリックスになっただけだなと思いました。『市場のことを常に考えて事業計画をつくれ』とか当たり前のことを繰り返すばかりで分析的な内容がなかったのです」（伊丹2000）

　普通ならそれで終わりなのだが，伊丹はこの「経営戦略がお経として語られているところ」に興味を持った。経営戦略論では当たり前のことをなぜ説教っぽく言う必要があるのか。それは当たり前のことがなかなかできないからで，それなら当たり前をただ繰り返し唱えるだけではダメだ。そこで語られていることの背後に何か必然性，法則性があるのではないか。伊丹はそう考えるようになっていった。

　そうした中，日本経済新聞社出版局の黒沢綏武から「経営戦略の本を書きませんか」という誘いがあった。日経文庫のシリーズで「経営戦略」について学ぶべき内容をコンパクトにまとめた教科書を書きませんかというものだ。日本経済新聞社は2年に1度，若手の経営学者を集めてコンファレンスを開催していた。伊丹はコンファレンスに参加したことがあり黒沢は日経側の窓口で知り合いだった。

　伊丹は原稿の依頼を引き受けた。多角化プロジェクトがきっかけで経営戦略の勉強を始めていたし，本を書くことは自分にとって経営戦略の勉強になると思ったからだ。教科書を書くのだからまじめに勉強しよう，そう思った伊丹は経営戦略にかかわる本を一通り読んだ。しかし，本をいくら読んでいっても「お経が書いてある」という印象が変わることがない。

雑誌記事をデータベースに

　そこで伊丹はある行動に出た。雑誌とビジネス本を片っ端から読むという作業だ。『東洋経済』『日経ビジネス』といった雑誌を過去3年間にわたって全部読み，会社，経営者でおもしろいことをしている，言っていると思ったところに線を引き，カード化していったのだ。

　線を引く時はどういう基準で引くかを意識しないで，とにかくこれはおもしろいと自分が直感的に思ったものをカードに書き込んでいった。できたカードは部屋にばらまいて，何と何が関係しているかというようにまとめていった。川喜多二郎が『発想法』（中公新書）で紹介し広く普及したアイデア発想法のKJ法のやり方だ。すると同じことを言っているカードの固まりができ，固まりどおしの関連も見えてきた。そんなプロセスから生まれたのがその後，ロングセラーになり4回の改訂を重ねることになる『経営戦略の論理』（以下，「経営戦略」）の論理的骨格だった。

　　「だから（「経営戦略」が生まれた過程は）現実からの帰納であって演繹
　　ではないんです」（伊丹2000）

　書く内容が決まったら執筆だ。ところが原稿を書き始めると盛り込みたい内容が多くなり日経文庫で想定される字数をはるかにオーバーしてしまった。その結果，「経営戦略」は日経文庫といったシリーズの中の1冊ではなく単独の著書として出版されることになる。ちなみに日経文庫の「経営戦略」はその後，次章で紹介する慶応ビジネススクールの奥村昭博が執筆することになり，こちらも多くの読者を獲得することになる。

　よい戦略は環境（顧客，競争，技術）と内部（資源，組織）との間に適合関係が成立している。それが伊丹の主張だった。

　　「あの本で戦略のフレームワークとして最もユニークなのは組織適合とい
　　う概念を出したことです。これをまっとうな格好で出したのは当時，世界
　　で初めてだと思います。それはどういうことかと言うと，経営戦略の内容

を決める時に，その内容が組織の心理，文化，風土ということにフィット
するか，あるいはそれを変えられる力があるかということが重要な考慮要
因の1つにならなければならないということを言い出したわけです。それ
まではコンテント（戦略）とプロセスという論争があってコンテントは経
済学的な論理，市場の論理で決まり，プロセスのところで人々の心理が入
り，実行する人たちのことを考えて実行プロセスを考えよう。コンテント
を決めるところはそういうことと無関係にある。そのような一種の二分法
がきれいに成立していました。私はそれをあっさり破ったわけです。私は
従来の議論を知らないものだからあっさりその境界を越えてしまったので
す。日本の経営者でセンスのよさそうな人が言っていることを見ていくと
現実の例の積み重ねの中からこういうことが大切だと言っている人が多い。
そうであれば当然，最初の論理のフレームワークの中に入れておくのは当
たり前ではないかという，その程度の発想でした」（伊丹2000）

情報的資源を中心に戦略論を展開する

　よい戦略が持つ，環境と内部との間の適合関係を理解するための中核概念
が多角化プロジェクトで生まれた情報的資源だった。伊丹の代表的研究の1
つになる「経営戦略」の中核概念は伊丹単独の思考から生まれたというわけ
でなく，多角化プロジェクトでのメンバー間の相互作用から生まれたものだ
った。余談だが，多角化プロジェクトのメンバーだった吉原は伊丹が「経営
戦略」を準備していることを知らなかったと言う。

　　「『経営戦略』の方が出版時期が（おそらく研究書は出版までのリードタ
　　イムが長いため）『日本企業の多角化戦略』よりも半年ちょっと早かったの
　　です。『経営戦略』が出た時は中に情報的資源のことが書いてあってびっく
　　りしたのを覚えています」（吉原）

「経営戦略」は発売後，多数の実務家からの支持を得て戦略関連分野のベス
トセラーになる。

では同書の学会での評価はどのようなものだったのだろうか。それを推測できる書評がある。出版の翌年，組織学会の学会誌，組織科学で次章で中心人物として紹介する当時防衛大学校で教授をしていた野中郁次郎が次のように書いている。

　「私は本書を読みながら，ほとんどマーカーを手放すことができなかった。そこここに，きらきらするアイデアと現実対応があり，それらの指摘はスリリングでさえあった。……（中略）……今後の戦略論を考える上での主要概念，類型，視角はほとんどここにあると言ってもよいのではないか。そのような意味で，戦略論における本書を通じての伊丹の役割は『種を播く人』であったと思う」(6)（野中郁次郎1981）

手作りの戦略論を海外へ発信

　実務家だけでなく研究者からも多くの注目を集めた「経営戦略」はその後，ワシントン大学のトーマス・レール（Thomas W. Roehl）の協力を得て英語に翻訳され海を越えることになる。きっかけは同書を日本語で読んだ米国MITのエレノア・ウェストニー（Eleanor Westney）が強い興味を示したことだった。彼女は日本企業を対象とする研究をしており，日本語が読めた。途中の過程は不明だが，ウェストニーの「伊丹の本は日本企業の経営を理解するのに有益だ」という話を聞きつけたハーバード大学出版が伊丹に英語版の出版を打診する。英語版が出版できそうだということで彼は英語版になることを意識し初版を改訂し『新・経営戦略の論理』を1984年に出版する。英語への翻訳は前述のトーマス・レールが手伝い，その翻訳過程でタイトルがMobilizing Invisible Assetsとなり，情報的資源は「見えざる資産」として海外に紹介されることになる。1987年のことである。
　実はこの英語版の誕生とのかかわりで興味深い2つの出来事があった。1つは「経営戦略」の核になる考え方をまとめた論文を，英語版の本が出る前に伊丹が経営戦略の学術的専門誌Strategic Management Journalに投稿したことだ。スタンフォードビジネススクールのワーキングペーパーで数本書い

たものを基にまとめた論文だったが，結果は不採択だった。

　「アウトライト・リジェクトでした。箸にも棒にもかからない不採択。『何
言っているんだ，ぼけ』みたいな，そういう感じでした（笑）」（伊丹2012）

　日本でベストセラーとなった書籍の本質的部分を紹介する論文が不採択に
なったのだが，伊丹が気落ちすることはなかった。むしろ，欧米の研究者は
本当に頭が固い，アメリカのジャーナルは駄目だなと思ったという。そう思
ったのは，ちょうどその頃，ハーバード大学出版から英語での翻訳本の出版
の話が来ていたことが関係している。

　「（論文を英語で出せなくても）英語の本で出ればいいと思いました。そ
れ以上，論文で出すことは考えませんでした」（伊丹2012）

　本を出版するとおもしろいことが起きた。多くの研究者が伊丹の英語版の
本を自分の論文や研究書で引用したのだ。経営戦略の問題を考えるにあたっ
て有益な枠組みを伊丹が提唱していることを多くの研究者が認め引用し，伊
丹の経営戦略論が学術的にも十分意味あるものであることを証明したのだ。

海外発信で感じたこと，考えたこと

　こうした経験をした伊丹は，英語の専門雑誌では査読過程がポリティカル
だし掲載される研究テーマも人気投票ゲームのように決まるため，論文の中
身の善し悪しが評価されるとは限らないのだと考えている。だから雑誌に採
択されることを目的に論文を書き，採択されることを第一義として査読者の
コメントに応じ論文の中身を改訂するのは「嫌だ」と伊丹は言う。
　もう１つ，伊丹が英語で自分の考えを発信するにあたって違和感を覚えた
出来事があった。『新・経営戦略の論理』を英語にする時にハーバード大学出
版から本の中で紹介している事例をアメリカの読者が興味を持つようにアメ
リカ企業のものも入れてほしいと依頼があったのだ。

「それはトランスレーション（純粋な翻訳）ではなくアダプテーション（適応）だ」と伊丹は思った。

　「最初は完全な訳で出してほしいと言ったのです。しかし，現実にはアメリカ企業の例をほんの少し入れてみたり，厳密に言えばトランスレーションではなくアダプテーションに近いことが起きました。日本語の方にあることで向こうでは除いてあるものもあるし，若干つけ加えたこともあります。でも本当に私がやりたいのは完全訳です。そうしないとイコールなトリートメントになりません。向こうから本が日本に来る時は完全な翻訳，こちらから行く時は我々（アメリカ側）がわかりやすいように翻訳してくれというのです。私は最初『ふざけるな』と言いました。（私の本の中身が）よいと思うのならこのまま出せと」（伊丹2000）

　「マーケットがアメリカなのだからそういう風に変えなければいけないというアメリカの出版社の考え方は日本側がアメリカと同等に扱われていないから嫌なんだ」と伊丹は言う。「アメリカの市場に適応しないものというのがかえって意味があるかもしれないではないか」と言うのだ。最終的には伊丹の方が折れ，アメリカの事例を入れ，日本語で書いていた内容に手を入れ出版にこぎ着けた。

　本の出版後，経営者向けで世界的に評価の高い雑誌，ハーバードビジネスレビューから本の一部を論文にまとめて掲載させてほしいと依頼があった。そこでいったんは引き受けたのだが，日本語での仕事や日本企業を対象とする仕事が忙しくなり面倒くさいと思うようになり書かずに終わってしまうことになる。

　「国内でおもしろい仕事がたくさんあるものだから，そちらの忙しさにとりまぎれて結局はやりませんでした」と伊丹は言う（伊丹2012）。

　「英語で日本以外の人たちに読んでもらうということに関心はなかったのですか」と言う筆者の問いに伊丹はこう答えた。

　「僕はあまりありませんでした。どうしてでしょうか。きっとぺこぺこす

るようなのが嫌だったのだろうと思います。向こうはそういうつもりで言ってなくても（私たちは立派なジャーナルで）『おまえ，書かせてやる』みたいな感じがして。おもしろいから出してと言うのだけれども，最後まで熱心にならないのは，何かぺこぺこしていることをやるのが嫌だなと……。それがおそらく時期としては日本的経営があまりに華やかになって日米半導体協定の頃とオーバーラップしているのです。要するにアメリカが変な言いがかりをつけてくるわけです。僕に言わせると論理的でない。それは政治的な関心としては十分あるのだけれど，そういうのに一部，巻き込まれ始めたのです。こんな理不尽なことを言っているやつの言うことを聞くのは嫌だという感覚が生まれて，それで直接には関係のない，アメリカの学術雑誌への投稿についても『あんなばかくさいことをするか，ふざけたことを言っているやつだ』となってしまったのだと思います」（伊丹2012）

　こうして1990年代以降，伊丹は自分の研究を英語で発信することに積極的になることはなかった。伊丹が提唱した「情報的資源」や「見えざる資産」はリソース・ベースト・ビューの一角を占めるものとして認知され引用もされ続けた。しかし，リソース・ベースト・ビューは日本発のパラダイムとして地位を確立するまでには至らなかった。この点について伊丹の共同研究者の加護野は次のように語っている。

　「リソース・ベースト・ビューというのは考えてみたら多角化プロジェクトで我々が出した視点でもあったと思うし，我々がもう少ししつこくそれをベースにしながら実証を上手に繰り返していけば，ああいうものは今，アメリカベースの理論になっていますが日本ベースの理論にできた可能性があったと思います。結局あれで書いたのは伊丹さんの英語の本だけなのです。やはり1冊ではインパクトが乏しいというか，それから論文も書かなければ駄目だったなと思います。僕も英語で書くことに価値があるとは思いませんでしたし，そんな暇があったら日本語でやる方がよいと思っていました」（加護野）

伊丹の見えざる資産の研究は世界で十分，多く引用された研究ではあるが，その発信源としての存在感を大いにアピールする点で別の展開もあったのかもしれない。

　こうして1976年の経営学会での吉原の発表に端を発する共同研究から世界発信する概念が生まれることになったのだが，実は吉原の発表があったのと同じ1976年にもう１つ，大学横断的共同研究が立ち上がり，その研究会を源流として，その後，今や世界で抜群の知名度，被引用件回数を誇る『知識創造理論』が生まれることになる。章を変え，その過程を紹介することにしよう。

〈注〉

(1)　本章の内容は断りのない限り，以下のインタビューをデータ源とし著者が記述したものである。
　　伊丹敬之　2000年11月16日（正確に言えば，講義の一コマに来ていただき話をしてもらったもの。本文では（伊丹2000）で表記），2012年7月20日（こちらはインタビュー。本文では（伊丹2012）で表記）。
　　吉原英樹　2012年8月27日（本文では（吉原）で表記）。
　　今井賢一　2012年12月14日（本文では（今井）で表記）。
　　加護野忠男　2012年7月4日（本文では（加護野）で表記）。
(2)　伊丹敬之（2017）「知の巨人，井尻雄士先生」『企業会計』Vol.69 No.12，57ページ。
(3)　伊丹敬之（2017）「知の巨人，井尻雄士先生」『企業会計』Vol.69 No.12，57ページ。
(4)　加護野忠男（1976）「製品市場戦略と企業成果」国民経済雑誌3月号，133 (3) 72-87ページ。
(5)　成果は今井賢一・後藤晃・石黒恵（1975）『企業の多様化に関する実証研究』日本経済開発センターとして発表されていた。実は加護野がルメルトの研究の存在を知ったのも，今井がハーバードに在外研究時に知ったルメルトの研究を日本で紹介していたことを知っていたからだった。
(6)　野中郁次郎（1981）『組織科学』「書評 経営戦略の論理/伊丹敬之著」Vol. 15 No.1 69ページ。

〈参考文献〉

伊丹敬之（1980）『経営戦略の論理』日本経済新聞社。
伊丹敬之（1984）『新・経営戦略の論理』日本経済新聞社。
占部都美（1969）『事業部制と利益管理』白桃書房。
加護野忠男（1976）「製品市場戦略と企業成果」国民経済雑誌3月号，133 (3) 72-87。
野中郁次郎（1981）『組織科学』「書評 経営戦略の論理/伊丹敬之著」Vol. 15 No.1，69ペー

ジ。

吉原英樹・佐久間昭光・伊丹敬之・加護野忠男（1981）『日本企業の多角化戦略』日本経済新聞社。

Hiroyuki Itami（1977）*Adaptive Behavior* American Accounting Association.

Hiroyuki Itami（1987）*Mobilizing Invisible Assets* Harvard University Press.

Edith Penrose（1959）*The Theory of the Growth of the Firm* John Wiley.

Richard Rumelt（1974）*Strategy, Structure, and Economic Performance* Harvard University Press.

第2章

知識創造理論の誕生

最多被引用回数の世界標準研究を発信した人物⁽¹⁾

　本章で紹介する野中郁次郎は，前章で伊丹敬之が書いた「経営戦略」を書評で絶賛していた人物だ。野中は第1章で紹介した伊丹より10年早い1935年，東京都墨田区（当時，本所区）生まれで都立第三商業高校を経て1954年に早稲田大学政治経済学部に入学した。

　今の本人からは想像できないが，野中は大学の講義やゼミに魅力を感じることができなかった。英国憲政史のゼミに所属したのだが出席しなくなってしまい単位を落としてしまう。幸い，英語の授業で単位を取ればゼミの単位がなくても卒業できる制度が当時あったおかげで無事卒業はできた。講義やゼミの代わりに野中が精を出したのはサークル活動だった。自治行政研究会という研究会に入ったり，英語部（ESS）に入って英米の短編小説を読んだり，政治学の本の輪読会を開いたりした。

　大学卒業後は兄の勧めで富士電機製造株式会社に入社した。入社してすぐの配属先は東京都日野市の豊田工場（現在の東京工場）で工場の人事・労務を担う総務の勤労係だった。勤労係では工具の教育訓練を担当し本社の担当と協力して教育システムを作った。野中は現場の職長らと話をするのが好きで時間があれば事務所の席を離れ工場の現場に足を運んだ。

　野中は入社4年目になると本社勤労部の教育課に異動となった。そこでハーバードでケースメソッドを学んだ慶応大学ビジネススクールの教授の協力を得ながら経営幹部向け研修プログラムを作る仕事を担当した。教育課でア

メリカの管理手法や経営学に接していると「このままだと日本は再びアメリカに負けることになる」と危機感を持つようになっていった。

実は野中には少年期に疎開先の元吉原村（現在の富士市）で米軍機から機銃掃射を受けた原体験がある。第二次世界大戦終戦直前のある日，下校途中1人で歩いていると米軍の空母から飛び立った戦闘機グラマンF6Fが低空で野中が隠れていた松の木の下をねらい機銃掃射をしかけてきた。野中は危険を察知しトウモロコシ畑に移っていたおかげで難を逃れることができたが旋回し再び機銃掃射してくる戦闘機を見上げるとパイロットと目があった。パイロットがこちらを向いてにやりと笑っているように見えた。野中はその時の光景を今でもはっきりと覚えている。「必ずアメリカに勝つ」と心に誓った瞬間だった。

「戦争だけでなく企業経営でもアメリカに負けることになる」その危機感がアメリカにリベンジするぞと誓った記憶を蘇らせた。それはアメリカに対する憧れと敵意が併存する複雑なものだった。そうした思いを抱きながら野中はアメリカに留学し経営学を学びたいと思うようになっていった。

アメリカ留学は意外な出来事が発火点になった。妻とともに貯めていた留学資金をさらに増やしたいと証券会社に運用を託したところ，担当者が信用取引に失敗し留学資金がほとんどなくなってしまったのだ。このことを知った義母に野中は説教をされてしまう。「うちに娘が4人いるのだけれど，みんなよい婿がいる。アメリカがどうのこうのとホラを吹いているのはあんただけです。子供もまだいないし家の一軒もない。それに今度は貯めた金を全部，株ですったとはどういうことなんです。もうちょっとしっかりしてくれないと困ります」と言われてしまうのだ。

この言葉に発奮した野中はアメリカ留学に向けて具体的に動き出す。まず留学先を具体的にリストアップした。留学資金が足りないので学費が高いハーバードやスタンフォード大は諦め，州立大学にねらいを定めた。6，7校に願書を送った中から最初に合格通知が来たのがカルフォルニア大学バークレー校だった。野中は縁を感じバークレー校に入学することにした。

アメリカ留学を決めた野中は上司にあたる，当時，本社勤労部長だった奥住高彦に相談した。奥住は，直属の部下でもない野中の能力を高く評価しか

わいがってくれていた。奥住は富士電機に籍を置いたままの留学を認め「留学資金が足りないだろう」と無利子で50万円を貸してくれた。留学資金が足らず困っていた野中にとって「この資金がなければ留学は無理だった」と思うほど貴重な金となった。

ペアを組む優秀な相手を見つける

　9年勤めた富士電機に籍を残したまま野中は1967年に渡米し，カリフォルニア大学バークレー校経営大学院に留学してMBAを取得する。MBAコースでは成績が悪いと次の学期に残れないという規則があった。3か月ごとに学期が完結し，必死で勉強し平均でB以上の成績を取らないと卒業できなかった。

　学部時代に英語部などで英語に親しんでいた野中だったがアメリカでは勝手が違った。他の学生に比べ英語力が十分あるとは言えなかったのだ。そこで野中は一計を案じた。授業の宿題や試験対策の勉強をともにする優秀な相手を見つけ助けてもらうのだ。同じコースのイスラエル人と親しくなり宿題が出ると一緒に勉強し，試験結果を見せ合った。そのイスラエル人の彼も野中と同様，社会人出身で向上心があり負けず嫌いだった。野中がノートを取れていない部分も彼はしっかり取れている。最良の相棒だった。優秀な相手を見つけて協力し難局を突破する方法は研究者になった後も活用する，生き残るための工夫となった。野中は日本経済新聞で連載した記事で次のように書いている。

　「私は学者になった後も，よい相手を見つけて共同で取り組むスタイルを続けている。自分1人の力には限界があると感じながらスタートした米国留学で身に付けた習慣であり，自分にないものを共同研究者から取り入れてきたからこそ，研究成果を残せているのだと思う[2]」

博士課程への進学

　野中はMBAを取得した後，博士課程に進学した。MBAを取ったら帰国し富士電機に戻る前提だったが野中は帰国する気になれなかった。研究生活が楽しく，修士号で帰るのは中途半端だと思うようになっていた。MBAコースで指導を受けていたフランシスコ・ニコシア（Francesco M. Nicosia）からもコースの途中で博士課程に進学してはと誘われるようになっていた。会社の上司の奥住に相談すると「ドクターに行くなら取ってから帰ってこい。その間は出張扱いにしてやろう」と背中を押す言葉が返ってきた。そこで野中は博士課程に進学することを決意し，MBAコースと同じカリフォルニア大学バークレー校で博士コースに進学した。

　野中は1972年に博士号を取得するのだが，この年は偶然にも前章で紹介した伊丹敬之がカーネギー・メロン大学で博士号を取得した年だった。野中と伊丹は同じ年にアメリカの大学で博士号を取得し，その10年後の1982年，野中が伊丹の勤める一橋大学に異動し同じ職場で経営学を研究する同僚になる。野中は伊丹同様，自らが構想した理論を英語で世界に発信し60,000回に迫る被引用回数（59,542回，2020年7月13日現在）を記録する突出した世界的評価を得るようになる。

1976年組織学会全国大会

　前章で紹介した1976年の経営学会での吉原の発表に端を発した共同研究は「見えざる資産（情報的資源）」という世界発信する概念を誕生させた。実は吉原の発表があった同じ1976年にもう1つ，大学横断的共同研究が立ち上がっている。その研究会を源流として，本章で紹介するように今や世界で抜群の知名度，被引用回数を誇る『知識創造理論』が生まれることになるとは当時，誰も想像すらしていなかった。

　吉原の発表後ほどなく，同じ神戸大学で組織学会全国大会が開かれた。そこで2人の若者が高鳴る胸の鼓動を抑え，ある研究者が発表会場から出てくるのを待っていた。1人が多角化プロジェクトのメンバーで神戸大学経営学

部の講師だった加護野忠男で，もう1人が前章で紹介した慶応ビジネススクール助手の奥村昭博だった。当時，加護野は28歳，奥村は30歳の研究者になり立ての若者だった。

2人の若手研究者

　2人についてここで少し詳しく紹介しておこう。加護野は1947年生まれ，大阪府の出身で，神戸大学経営学部を卒業後，同学部の大学院に進学，博士課程後期1年を終えた1973年4月に神戸大学経営学部の助手に職を得る。加護野に最初に声をかけたのは経営数学を担当する伊賀隆だった（加護野2013）。当時，知名度の高い経営学者である占部都美と市原季一のゼミに大学院生が集中していた。そこで他の講座の教官が後継者を探す場合，この2つのゼミの大学院生から目ぼしい人間を見つけ声をかけるということが行われていた。加護野は学部が占部ゼミ，大学院が市原ゼミで，コンピュータで統計分析することに興味を持っていた。伊賀はそんな加護野に目をつけた。ただし隣接分野で経営統計を教えていた松田和久は違う意見を持っていた。実は市原のところの後継者ポストにちょうど空きができたので，そこで研究するのがよいのではと思ったのだ。そこで伊賀と松田と市原の3人が話し合い，最終的に市原の講座の後継者として加護野はポストを得ることになる。

　一方，奥村は1945年生まれ，岐阜県出身，地元で一番大きな商いをする電気工事会社の長男として生まれた人物だった。慶応大学商学部に入学するため上京し，3年生から関口操のゼミに入った。ゼミでは組織論のバーナードやサイモンの著書を読んだ。どちらの本も組織を理論的に分析していて読んでいておもしろくてしようがなかった。学部の勉強では物足りないと思った奥村は大学院に進むことにする。生活費は親に出してもらい，本代はガソリンスタンドで働いたり家庭教師をしたりして自分で稼いだ。そんな姿を見た関口は慶応ビジネススクールの特別研究生制度を紹介した。試験に合格すれば月に数万円の金が出るものだった。奥村は試験に合格し特別研究生となった上に，ビジネススクールの援助でアメリカのビジネススクールのMBAプログラムに留学できることになる。MBAプログラムを目指したのはいずれ

ビジネスの世界で働くつもりだったからだった。選んだ大学はノースウェスタン大学で、ロバート・ダンカン（Robert Duncan）という組織論の研究者がいたのが理由だった。MBAで勉強するうちに組織論の勉強に目覚めた奥村はその後、慶応ビジネススクールから助手採用で声がかかり、実務家にならず研究者となった。

社会人出身で、アメリカで博士号を取った経営学者

　話を戻そう。以上の背景を持つ加護野と奥村の2人が会場の外で待っているとついに本人が現れた。それが野中郁次郎だった。当時、彼は防衛大学校に移る前で南山大学で教えていた。前述のように、野中は富士電機に9年勤めた後、カリフォルニア大学バークレー校に留学、Ph.D.（1972年）を取得していた。南山大学への就職は同大学が経営学部を新設し教員を探しており、アメリカの博士課程でマーケティングを研究する野中に白羽の矢を立てたことから実現した。カリフォルニア大学バークレー校には日本から研究者が頻繁に訪れる。野中は現地の案内役をしながら日本での経営学者としての就職先を探していた。当時、野中はまだ富士電機に籍は残っていたが、博士課程で研究すればするほど学者として生きていきたいと強く思うようになっていたのだ。

　就職先があれば知らせるという言葉をかけてくれる大学関係者は多かったが実際に大学への就職の話が来ることはほとんどなかった。そうした中で実際に「もし君がよければ来られるように努力してみる」と言ってくれたのが南山大学教授の中村精だった。博士課程に在籍しながらの状態で野中は1971年4月、南山大学経営学部講師に職を得て、加護野、奥村に会った時には、助教授になっていた。歳は41歳と他の2人に比べ10歳ほど上だったが研究者としてのキャリアを考えれば十分「若手」だった。

研究テーマを何にするか

　加護野と奥村が会場の外で野中を待ち受けていたのには理由があった。2

人とも野中が2年前に出版した著書『組織と市場』を読み，「この本を書いた人に是非会いたい」と思っていたのだ。

　加護野は前述のように市原の講座の後継者として採用されたが，取り組む研究テーマは完全に任せてもらえていた。加護野は統計分析で結果を出して論文にする研究をしようと考えていた。それ自体は問題なかったのだが，内容について1つだけ注文がついた。

　加護野は会社の所有構造を見て所有と支配の問題を業績とのかかわりで議論しようと考えていた。また有価証券報告書を使えば業績と経営者の報酬との関係を分析することができるとも思っていた。後述するが，この時，加護野はコンピュータで統計分析ができるようになっていたので，そうした方向で研究したいと市原と学部ゼミの指導教官だった占部に相談してみた。

　話を聞いた2人の反応は同じだった。2人とも「やめた方がよい」と言うのだ。占部は「こういう問題は年を取ってからやりなさい。若い時に取り組む問題ではない」とだけ言って話を切り上げた。市原は「若い時は答えの出る問題をやりなさい。この問題は答えが出ませんから」と言った。2人に反対されてはこのテーマに取り組むわけにはいかない。

恩師からの書評依頼

　そんな時に加護野に声をかけたのが占部ゼミの先輩の吉原だった。日本企業の実証研究をしよう，一橋大学の人間と一緒にやろうというのだ。前章で紹介した多角化プロジェクトだ。加護野は吉原の誘いを受け多角化プロジェクトに参加するのだが，ちょうどその頃，神戸大学でマーケティングを研究する田村正紀から『組織と市場』という研究書の書評をしてくれないかと頼まれた。

　田村の研究分野はマーケティング・流通で在外研究の留学先がカリフォルニア大学バークレー校だった縁で同校の博士課程の学生だった野中と知り合っていた。『組織と市場』の出版も田村と田村の恩師荒川祐吉が口利きしたものだった。『組織と市場』は出版後，日経・経済図書文化賞を受賞したが野中の仕事は組織論研究者からはノーマークだった。そこで田村は野中の研究の

存在を知ってもらおうと加護野に書評を頼んだのだった。

　実は加護野にとって田村は違う研究分野ながら大きな影響を受けていた人物だった。加護野がコンピュータでデータ分析できるようになったのは田村のおかげと言ってよかった。多角化プロジェクトでも後述する野中とのプロジェクトでもコンピュータを使ったデータ分析で加護野が貢献できたのは博士課程後期１年の時，田村の大学院生向け授業を受けたからだった。

　講義に出ると田村は開口一番「ドクター１年は別に論文も何も書かなくてもよいから沈潜せよ。じっくりと将来のための土台を作れ」と言った。その土台とは自分が将来使う統計計算のプログラムのことで，それを自分で作れと言ったのだ。加護野は当時のことを次のように語る。

　　「当時，コンピュータというのは時間当たりで使うのに金がかかったのですが田村さんは『コンピュータはいくらでも使わせてやる。プログラムを作る時間は授業で手配してやるからデータを持ってこい』と言ってくれました。そこで同期の（後に神戸大学教授になる）石井淳蔵と２人で回帰分析とか因子分析といったプログラムを書いたのです。田村さんの授業に上手くついていけたのは僕と石井の２人だけでした。フォートラン（FORTRAN）を使って自分でプログラムを書くのですが，ピリオドとコンマを間違うだけでプログラムが動かなくなるので，キャンパス内にある情報計算センターへ行って作業をしても上手くプログラムが動くのは１日に１回ぐらいでした（笑）。それで毎日，計算センターに行ってはプログラムを走らせていました。そうした環境を作ってくれたのが田村さんでした。その授業で統計の勉強をさせてもらったから伊丹さん達とのプロジェクトのデータ処理も比較的，困ることなくできました」（加護野2012年7月）

　加護野は実証研究の仕方についても田村から学んだという。

　　「田村さんは『１つのテーマで論文は３本書けるのだ』と言っていました。そのテーマの代表的な論文を集めてきて一番最近の論文を見たらどんな文献が出ているか全部わかるから，それを全部読んで展望論文を書く。その次

はフレームワークを作って実証する。文献展望で1本，理論フレームワークで1本，実証結果で1本書く。こういう研究をしなければいけない。それが研究なのだということを田村さんは教えてくれました」（加護野2012年9月）

加護野にとって田村は学ぶこと多き恩師だった。そんな田村からの願いとなれば断れない。加護野は他の研究者と同様，野中のことを知らなかったが，『組織と市場』の書評を引き受けることにした。

加護野は先入観なしに本を読んでみた。すると日本の経営学者によるものとは大違い，独自の理論展開があり実証研究もしている。野中の著書に大いに感銘を受けた加護野は，機会があれば是非お会いしたいと手紙を書き，自分の書評とともに野中に送っていた。

偶然手にした研究書にハマる

一方，奥村が『組織と市場』に出会ったのはノースウェスタン大学の修士課程2年の時だった。同じ時期，松下電器から同大のMBAプログラムに留学していた日本人から「おもしろい本がある」と手渡されたのだ。その日本人学生はマーケティングを勉強するために留学していて夏休みの間にカリフォルニア大学バークレー校に遊びに行き，消費者行動を研究するフランシスコ・ニコシアに会っていた。このニコシアが野中の指導教授だったのだ。ニコシアから野中の書いた『組織と市場』を紹介され持って帰ってきていた。「中身を見れば組織論なので僕が興味を持つだろうと思ったのだろう」と奥村は言う。奥村は，初めて野中の研究を読んだ時のことを次のように語る。

「読んでみたら，興奮して眠れないんですよ。『これなんだよ，俺が探していたのは』と。それまでの日本の経営学は訓詁学でヨコに書いてるもの（英語やドイツ語）をタテ（日本語）にするものが多かった。それに対して野中さんの本は実証があってすばらしい。そんなこと日本人は誰もやってなかった。だから日本人がこれを書いたってことがすごくショックだった。

日本に帰ったら絶対，会いに行こうと思いました」(奥村)

　野中の研究書を読んで「同じような本を書きたい。日本企業を調べて経営学の理論を発信したい」と思った奥村は実務家ではなく研究者になろうと思い帰国する。帰国してほどなく奥村は慶応ビジネススクールの助手に採用され研究者としての道を歩み始めることになる。

　加護野，奥村にとって野中は自分が目指すべき研究を実践している人だった。彼と会って直に話をしてみたい。そういう思いでいた時，組織学会が神戸大学で開かれ，そこで野中が発表するという。「チャンスだ」と2人は思い，それぞれの思いを胸に廊下で待っていたのだ。

共同研究の始まりと仲間たち

　野中が出てくると2人は野中に近寄り同時にワッと話し始めた。加護野も奥村も顔見知りでなかったが，野中を含め3人はすぐに意気投合し「一緒に研究をしよう」ということになった。

　「野中さんもその頃は若かったから同志を見つけた感じだったんでしょう」(奥村)。

■写真3　左から，野中，加護野，奥村　提供：東洋経済新報社

研究会のメンバーはその後，3人が加わる。野中，奥村，加護野の3人は
マクロの組織論に興味があったのでミクロの組織論を扱う人間がいなかった。
その部分を補うために加護野の大学院時代の友人の坂下昭宣（岡山大学）と
先輩の小松陽一（甲南大学）に声をかけたのだ。

　そしてもう1人，多角化プロジェクトつながりで伊丹から加護野に紹介さ
れた榊原清則（一橋大学）が後半になって加わった。榊原は1949年，北海道
生まれで電気通信大学電気通信学部を卒業した後，一橋大学商学部の大学院
でドイツ経営学を学び，指導教官の田島壮幸に能力の高さを認められ78年に
商学部に採用されていた。田島の方針で文献を徹底的に読み込む教育を受け
ていたため，文献中心主義と異なる研究スタイルを経験した方がよいと伊丹
が考え，加護野に共同研究のメンバーに入れてほしいと頼み参加することに
なった。こうして多角化プロジェクトに続く「若手」だけによる大学横断的
共同研究がもう1つ立ち上がることになる。

手弁当での共同研究

　神戸大学での組織学会で話が盛り上がった野中を中心とする初期のメンバ
ー5人による共同研究グループは1977年初夏に南山大学で結成された。多角
化プロジェクトで共同研究の意義を実感し，同じような研究会を組織論でも
したいという加護野の思いがかなった瞬間だった。

　第1回目の研究会が南山大学になったのは奥村が東京，加護野らが関西で，
名古屋が中間地点にあたり，野中が勤める南山大学が名古屋なので，ちょう
どよいだろうということになったからだった。しかも南山大学に付属する宿
舎だと一泊500円で泊まれた。メンバーは皆若手，講演のお呼びがかかるわ
けでもなく金がなかったので大いに助かった。「カトリック系の大学なので
朝ご飯は牧師がトーストを焼いてくれた」と野中は当時を懐かしそうに語る
（野中2001）。

　名古屋で合宿する時は，多くの場合，夕食は野中の家に行き，野中の妻の
手料理を食べさせてもらいながら楽しい時間を過ごした。他の場所で研究会
を行う場合も民宿や国家公務員宿舎を渡り歩いて開いた。岡山大学での研究

会では国鉄の官舎に泊まったのだが夜中に「ごうごう」と音がする。

　　「なんの音かと思えば実は建物の裏が動物園で，そこで飼育されていたライオンが鳴いていたのです（笑）」（野中2001）

　研究会での議論は和気あいあいで，皆，まじめに勉強し集まり，「野中さんは先生役という感じはなくオーガナイザーのような役割をしてくれました。一方的なレクチャーといったのではなく，みんなで勉強し合うという雰囲気で，塾という感じ」（加護野2012年7月）だったという。野中からは「一旗揚げるぞ」という意欲が感じられ「アメリカはすごいと思いながらそれを超えようという雰囲気がありました」（加護野2012年6月）。

実証研究の論文を中心に文献を読む

　最初に取り組んだ課題は米国で行われている組織論にかかわる実証研究を包括的にレビューしようというものだった。野中は，当時，コンティンジェンシー理論（環境適応理論）という組織理論を展開していた。経営組織は環境により最適なものが異なるという理論だ。組織には唯一最善のものがあるという従来の考え方を覆すものだった。

　野中を中心とする共同研究を組織プロジェクトと呼ぶならばこの組織プロジェクトの特徴は次のようなものだった。第1章で紹介した多角化プロジェクトで読んだ文献はルメルトの研究以外はペンローズのThe Theory of the Growth of the Firmのほぼ1冊と言ってよかった。実は多角化プロジェクトはペンローズの理論的研究から大きな影響を受けていた。同プロジェクトの考え方は彼女の「企業内部に自然発生的に生じる生産資源，生産サービスの有効利用の道として多角化を企業は行う」という理論を基礎においていた。それに対し組織プロジェクトはハーバート・サイモンの「組織は人間の認知限界を克服するための情報処理機構」と見る意思決定における情報処理を中心概念においた。

　またサイモンの考え方を基礎と考えるとしても中心に読むのはサイモン

の本ではなく Academy of Management Journal や Administrative Science Quarterly といった専門雑誌だった。これは野中からの影響で他のメンバーからすると目から鱗だった。それまでの文献を読むと言えば1冊の本を深く読み込む，あるいは1人の著者が書いた研究書を読むことを意味したからだ。サイモンの理論は現実を記述し説明し予測するには包括性や抽象レベルが高すぎるので，より反証が可能な理論や実証研究を文献展望の対象としようと考えたのだ。

コンティンジェンシー理論の考え方

しかも組織プロジェクトが依拠する「コンティンジェンシー理論がおもしろいのはサイモンが考えていたことの裏をかいたことだ」と加護野は言う（加護野2013）。サイモンが書いた "Centralization vs. Decentralization in Organizing the Controller's department." という論文の最初のところに組織というのは結局，業績にはほとんど影響を及ぼさないと書いてあると加護野は言う。

> 「ミネソタスプリングスに降った夕立がナイアガラの滝にどういう影響を及ぼすかを分析するがごときものである。つまり，ほとんど無関係だと考えたわけです」（加護野2013）

> 「それをコンティンジェンシー理論の連中は業績から見ていこうではないかと言ったのです。よい組織ならよい業績が上がるはずだと考えた。ある意味で極めて経営学的な発想で，うまくいくなら業績が上がるはずだという発想でいくわけです。サイモンはどちらかというと今まである命題をビルディングブロックみたいにして，その上に経営学の命題を作り上げていこうという，ある意味で演繹的なところがあります。それに対してコンティンジェンシー理論は帰納主義的な考え方を取るものが多かったのです。さらにコンティンジェンシー理論では従来，事例研究以外の実証研究がそれまで難しいと言われていたところに組織現象を測定しようという動きが

出てきていました。そうした動きを私たちは捉えて組織現象を実証研究しているものを測定手段も含めて体系的に文献展望しようということになったのです」（加護野2013）

　野中も加護野も奥村もコンティンジェンシー理論をベースにして日本企業を対象とする実証研究をやりたくてしようがない。しかし，どういう概念をどのように測定，検証すればよいかがわからない。そこで組織プロジェクトでは海外の実証研究をレビューしながら方法論について学ぶことにしたのだ。

各自が書いた原稿を持ち寄り発表

　実際の作業は次のように行った。最初に，組織論を組織構造，組織過程，個人属性などテーマごとに分け，各自の分担を決めた。次に，担当者は各自担当の主要文献を読み，そこに書かれている理論的仮説は何で，どういうサンプルを対象にどういう実証をして，どういう結論を導いたのかということをレビュー論文の形で原稿として準備した。当日の発表では発表者は自分の原稿を人数分コピーし全員に配り発表する。原稿を書くようにしたのは最初から成果を書籍として発表することを意識していたからだ。1978年に5人の共著の形で出版された『組織現象の理論と測定』（以下，「組織現象」）はそうした過程から生まれたものだった。実証がらみの研究をことごとく展望したので本文だけでなく文献リストもとんでもなく長くなりページ数は500ページを超える大冊になった。
　研究のまとめの段階の状況について野中は次のように感慨深げに語る。

　「最後に文献展望した結果から統合的コンティンジェンシー理論の枠組みと命題を提示したのですが，この部分が完成した時のことを今でもはっきりと覚えています。僕の家に集まって『組織現象』の原稿を締めようと思うのですが最後の部分がどうしても形にならない。冬で雪が降っていて加護野はあと10分ぐらいで家を出ないと名古屋からの新幹線の終電に乗れない。そうしたせっぱ詰まった状況で加護野の頭が冴え渡ったのです。それ

までまとまらなかったサーベイ結果をばぁっと主要命題のリストとしてまとめてしまいました。加護野の頭の中はどういう構造になっているのか見てみたいもんだと思ったものです」（野中2001）

ところで実は研究会の立ち上げ時は周りからの風当たりが強かった。メンバーの数人は恩師が大学横断的勉強会を快く思わなかったのだ。「自分以外の研究者を慕い学んでいる姿が気に入らなかったのだのではないか」とメンバーの1人は言う。しかし，そうした外野の声も「組織現象」や後に紹介する『日米企業の経営比較』（1983年）（以下，「日米比較」）などの学会で高い評価を得る成果が出始めると聞こえなくなっていった。

日本企業への質問票調査とフィールド調査から学ぶ

「組織現象」のプロジェクトで実証研究に必要な方法論を学んだ共同研究チームは次のステップとして日本企業を対象とする調査に使う質問票の項目を作成し，質問票調査を行った。最初にできた質問票は滅茶苦茶に長いアンケートになった。文献展望をミクロとマクロの両方で行ったので，そこから出てきた内容から質問票を作ると個人レベル，部・課レベル，組織全体レベルと3種類のものができてしまったのだ。その長い質問票をメンバーは人海戦術で配り，回収し，分析した。その時の様子を奥村は次のように語る。

「質問票を企業にぶつけるといっても何もルートがないので，加護野君は実家が比較的大きな繊維会社だったのでそこに持っていく。僕は大学の後輩が勤めている会社に持ち込む。野中さんは富士電機の出身者なので関係者のところへ持って行くといったことをやりました」（奥村）

こうして苦労して集めたデータだったが「結局，きっちり分析しなかった」と加護野は言う（加護野2013）。

「唯一やったのが個人レベルのデータを坂下が論文と博士論文になる本で

使ったぐらいでした」(加護野2013)

　しかし，他のメンバーにとってまったくの無駄になったわけではなかった。作った質問票と集まったデータ分析から質問票の中身を改良する具体的アイデアがいくつも出てきたからだ。
　またデータ分析と並行してプロジェクトメンバーは日本企業の現場にフィールド調査に行くようになっていった。するとだんだん，日本企業の現実が見えてきたという。

　　「一番目立ったことは日本企業はやたらと情報を共有し合っている。それ
　　に情報の種類が非常に多い。もう1つが個人の属性がうまく使われて経営
　　されていました。そうしたことは日本以外の企業を想定した質問票のパタ
　　ーンに合わないものだったのです」(奥村)

ハーバード滞在から生まれた日米調査

　こうして組織プロジェクトのメンバーは質問票の中身を洗練させていった。まさにそうした時期に加護野がアメリカ，ハーバードビジネススクールに在外研究に出ることになる。ハーバードで教える吉野洋太郎と知り合いだった伊丹敬之が加護野に吉野を紹介し同大での滞在が実現したのだ。1979年のことだ。
　「このチャンスを逃してはいけない」，そう考えたメンバーは自分たちが作成した質問票を英文にして米国企業を対象に質問票調査をすることにする。研究資金が必要なので科学研究費を申請しようという話になったが，自分達のような「無名な研究者」では申請しても通らないと，皆思った。そこで経営学者として知名度抜群だった占部都美に頼み込み，代表になってもらい名前を借りて申請した。そのことが実際に影響したかどうかは不明だが，結果は無事，採用され，予算を確保した。
　日米比較と言っても質問票調査のねらいはあくまで日本企業の実態を明らかにすることだった。メンバーはそれぞれ，海外の研究者や実務家が日本に

来て日本企業の特質について質問した時，自分たちが十分な回答を用意できていないことに強い不満を覚えていたのだ。そこで同じ質問票を米国と日本の企業に送付し，返ってきたデータを分析し日米企業の経営比較をするというスタンスをとった。

6人から4人の共同研究へ

米国については現地にいる加護野が担当し，日本については榊原が窓口的業務を行った。ここでメンバーの構成に変化があった。メンバーの中での相性と，日米比較のデータ収集は分析単位が企業となる1社1票という形で行おうということになったため，組織のミクロの側面に興味を持つ者がメンバーから抜けることになったのだ。最初に6人いたメンバーのうち，坂下昭宣と小松陽一が抜け，野中，加護野，奥村，榊原の4人のチーム構成になった。

今回の調査には従来にない要素も加えていた。「日米の経営比較プロジェクトは日米の企業を比較するといった点だけでなく経営戦略を測定するといった点でも画期的だった」と榊原は語る。

■写真4　榊原清則

「経営戦略を質問票を使って測定，分析するといったことは初めての試みだったと思います。プロジェクト全体としては僕が日本側の調査をほぼ全部調整していて，経営目標を日米で比較するといった質問項目作成やデータ分析作業を担当しました。ただし，日米比較のプロジェクトの第1回目の会合に，野中さんが戦略を測定する質問項目を十数ページに及ぶリストにして持ってきました。他のメンバーはほとんど手ぶら。これは共同研究の貢献度といった意味で『（初回にして）勝負あったな』といった感じでし

た。その後の野中さんはほとんど手ぶらでやってくるといった感じになるのですが（笑）」（榊原）

組織論大家からのアドバイス

プロジェクトメンバーは質問票を完成させ企業に送付する前に，アメリカ企業が質問票の内容を理解してくれるか不安を感じていた。そこで加護野はハーバードビジネススクールの教授でコンティンジェンシー理論の大家だったポール・ローレンスに英語でつくった質問票を見てもらった。すると大いに問題ありだと指摘された。

「これは非常識に長すぎるというわけです。『このアンケートに答えようと思うとそれぞれの会社はタスクフォースを作らなければならない。それで初めて答えられるようなアンケートだ。無理だ。何社に送るつもりだ』と言われました。『100社です』と言うと『100社だったら一割返ってきてベストだ。しかし10社だったら，もうこの辺を車で走り回って聞きに行く方がずっと効率がよいのではないか』と言われました。だから初めは100社を対象にしていたのですが，野中さんにファックスを送って『やっぱり無理だ。10社だと論文のサーベイデータには到底ならない。だから1000社にしましょう』と急遽変更することを伝えました。金はかかるけれど仕方がない。金を送ってくれということで送ってもらいました」（加護野2013）

調査で見えてきたこと

この判断は正しかった。1000社に質問票を送ったら返信が予想を超えて返ってきたのだ。二十数パーセントの回答率，サンプル数は200を超えた。1980年当時，米国で日本的経営は関心の的だった。そうした幸運もあり米国企業からの回答は分析に堪える数となった。回収したデータの分析，解釈は加護野が主に担当した。

「データの入力と計算はアメリカではまったくせず帰ってからしました。一番はっきり違ったのは企業の目的でした。日本の企業はシェア重視でアメリカの企業は利益率重視でした。大まかに当時，わかっていたことでしたが実際のデータはまったくなかった。それから日本の組織というのは有機的で，アメリカの組織は機械的でした」（加護野2012年7月）

プロジェクトではデータ分析はほぼ加護野が行ったが定性的研究は他のメンバーが担った。日米企業のデータ分析結果の意味を探るためにアメリカ企業の訪問を計画し行った。確保できた研究資金の制約のため，渡米したのは奥村と榊原の2人だった。その時のアメリカ企業の様子を奥村は次のように語る。

「シンシナティ・マイクロン，モトローラ，ボーイングといった会社を2人でそれぞれが持つコネクションを使って訪問しました。当時，エクセレント・カンパニーと言われていたシンシナティ・マイクロンを訪問した際，工場が汚かったことに驚きました。タバコなどが落ちていて『これでエクセレントか』という感じでした。それと当時，日本企業が飛ぶ鳥を落とす勢いだったので日本人の訪問に対する警戒もあり，応対が威圧的でした。日本企業の工場のきれいさ，対応の丁寧さとは対照的でした」（奥村）

それぞれ個性を発揮する4人

こうして4人はそれぞれが集めた情報を持ち寄り，研究を進めた。

「奥村，榊原がアイデアをいろいろ出し，それをまとめるフレームワークを加護野が出す。そこから野中がよいところを抽出し，全体の経営学の中での位置づけをするというそれぞれが自分の役割を発揮しました」（奥村）

定量と定性のデータが集まり，分析が進むと結論をまとめようという段階に入っていった。このプロジェクトの結論をどのような枠組みでまとめるか。

それが明確になった決定的瞬間を奥村は次のように鮮明に覚えているという。

　「調査としてそろそろ結論を出さないといけない。そうした時に東京で会合を開いたのですが上京する新幹線の中でずっとデータのアウトプットをにらんでいたんでしょう。加護野が『解けた！』と顔を真っ赤に昂揚させ，我々が待つ部屋に入ってきたのを今でも覚えています。その枠組みが『日米比較』の最終章で提示した２×２のマトリックスです。企業をオペレーション志向とプロダクト志向，組織の編成原理を官僚制とグループ制で分類したものです」（奥村）

　メンバーの１人だった榊原は日米企業の比較プロジェクトについて次のような感想を語っている。

　「僕は『組織現象』の原稿がほぼ完成した時点で勉強会に参加したので参加前のことはわからないのですが，『組織現象』にしても（後に出版される）「日米比較」にしても野中さんと加護野さんのケミストリー（化学反応）がキーだったと思います。野中さんが話すことを加護野さんが理解して表現する。加護野さんが出したデータのアウトプットや考え方を野中さんが研究の中で位置づける。その組み合わせが絶妙でした」（榊原）

　野中はプロジェクトでの記憶を次のように表現する。

　「あの時期は一番勉強した時期でした。僕らは今でも戦友というコンセプトです」（野中2001）

　こうして４人の共同研究の成果は1983年に「日米比較」として出版され1985年に第１回組織学会賞を受賞する。また同書は英語に翻訳され同じ1985年にStrategic vs. Evolutionary ManagementというタイトルでNorth-Hollandから出版される。英語版は日本人研究者によって行われた，学術的議論に堪える本格的実証分析として海外の研究者から高い評価を得ることになる。こう

して日本企業の多角化プロジェクト同様，若手による大学横断的共同研究から世界に通用する成果がまた1つ生まれることになったのである。

南山から防衛大学校，そして一橋へ

　ところで「組織現象」「日米比較」と2つの成果を世に発信した組織プロジェクトだったがプロジェクトにかかわっている間に中心メンバーの野中は職場を2回変えていた。1979年に防衛大学校に1982年には一橋大学産業経営研究施設に異動していた。

　防衛大学校へは組織の失敗を研究するために異動した。野中は私企業の場合，成功している話については比較的容易に取材できるが失敗事例については外に話を出したがらないことを元企業人として肌でわかっていた。そこで野中は先述の富士電機時代の恩師奥住に相談してみることにした。公の組織の方が失敗事例を調査しやすいだろうというのが奥住のアドバイスで，そこで目をつけたのが軍隊で，防衛大学校なら日本軍の失敗事例の資料があるに違いないと思った。奥住がかつてのゼミ生だった縁もあり，当時，同大の学校長だった猪木正道に早速，調査を依頼しに行った。2人で自宅を訪問すると歓待され，「是非，うちの大学で教えてほしい」という話になる。ちなみに防衛大学校時代に野中は『失敗の本質』というロングセラーとなる名著を防衛大学校の同僚と書き上げている。

　このように野中の防衛大学校への異動は組織の失敗の分析という意味で成果を上げた。しかし，世界発信される経営学の概念誕生という意味で言えば，野中の一橋大への異動がより重要な転機となった。その経緯については以下の通りだ。

　「野中の採用は一橋大学商学部における人事の大きな転換点になった」と今井賢一は語る。一橋大学商学部（産業経営研究施設）で研究していた今井は一橋大学以外の研究キャリアを持ち，研究能力の高い人材を探していた。前章で紹介したように，当時，一橋の経営学では文献研究が主流だった。今井はこの流れを変えたいと思い続けていた。訓詁学ベースから実証ベースへの転換だ。伊丹敬之を一橋に採用したのも今井にとってはそのための布石だっ

た。今井は次に一橋大学商学部に同学部と無関係の血筋の研究者を採用したいと思っていた。目指したのは異種交配だ。そうすれば伝統的な文献研究を中心とする訓詁学的経営学と異なるアプローチの経営学を発信できるようになっていくはずだと考えていたのだ。伊丹も今井と思いを共有していた。そこで2人は人事の刷新を企てることにする。

チャンスは1981年に訪れた。公組織の講座で教える教官が退官するのでポストに空きができたのだ。そこで白羽の矢が立ったのが防衛大で公組織の軍隊を研究していた野中だった。今井も伊丹も日本経済新聞社が主催する企業行動コンファレンスでそこに参加し発表していた野中に目をつけていた。

　「コンファレンスでの発表やコメントを聞いて伊丹君と『野中君は実証的だし（研究者として）いいね』と言っていました」（今井）

ただし，一橋大学には反軍事思想の教官がいて，防衛大学校で日本軍の研究をしている野中の人事をするにあたって心配の種だった。当時の学部長森田哲弥に話を持っていくとやはり同じことを心配していた。そこで今井は学部長に「僕が根回しをします。だから人事を進めさせてください」と進言する。実際，根回しを始めると反対する教官もいた。今井はその教官に対し「もしこの人事がつぶれたら私は辞表を出します。それでも反対しますか」と言って説得した。そうした退職覚悟の今井の強い思いが商学部教官全員に伝わり人事案件は無事通過することになる。

　「あれで学内の流れ，雰囲気が変わった」と今井は言う。

ハーバードから一橋へ

　こうして野中は1982年に一橋に異動し，その翌年，ハーバードビジネススクールで助教授だった竹内弘高が異動してくる。竹内のことを評価したのは今井だった。今井が竹内と知り合ったのは今井のハーバードでの在外研究時だった。

「ビジネススクールで教えるために朝から受講生の名前と写真の入ったカードを一生懸命覚えて講義に備える。そうしたビジネススクールでの教育をよく知り，実践しているのと博士論文で小売業の生産性分析をしていてそれが現場をしっかり調査しているものでいいなと思ったのです」（今井）

　当時，竹内はそろそろ日本に戻ろうと思っていた。問題はどの大学で研究するかだ。一橋から誘いを受けたが東京大学からも声がかかっていた。そこで竹内は旧知の仲だった野中に相談することにした。竹内はカリフォルニア大学バークレー校でPh.D.を取得しているのだが同大のMBAプログラムにいた竹内を博士プログラムに誘ったのが当時，博士課程に在学していた野中だった。そうした縁から竹内は一橋異動前の野中に一橋か東大，どちらに移るのがよいかを相談している。野中は当時の事情を次のように説明する。

「その頃には僕が一橋に移ることがほぼ決まっていました。ただまだ公にできる段階ではなかったので困りました。日本に戻ってくるんだったら一橋じゃないの，と言いました。一に一橋，二に一橋，三，四がなくて五に一橋だと（笑）。ただ一橋に来てみたら僕がいたので『なんであの時，言ってくれなかったんだ。ずるいですよ』と言われましたね（笑）」（野中2001）

日本企業の製品開発のリードタイムはなぜ，短いのか

　竹内が一橋に来たことは野中に世界発信を意識させる重要なきっかけとなった。竹内がハーバードから研究プロジェクトの話を持ってきたのだ。製造業の生産性研究で有名なウィリアム・アバナシー（William Abernathy）から1984年に開くハーバードビジネススクール創立75周年記念のコロキアムに参加して発表してほしいと頼まれたのだ。実はこのアバナシーは次章で紹介する藤本隆宏を経営学の世界に引き込む重要人物だ。そのことを是非次章まで覚えておいてほしい。アバナシーから依頼されたテーマは日本企業の製品開発についてだった。竹内は野中に相談し，その場にいた今井にも声をかけ3人で調査，発表することになる。

アバナシーからの問いかけは次のようなものだった。米国企業と比べると日本企業の製品開発はリードタイムが短くスピーディーに新製品を市場に投入してくる。高品質の新製品を短いリードタイムで柔軟に開発できているのはどうしてか，その謎を解いてほしいというのだ。

　今井はこの問いを自分が参加していた政策フォーラムという勉強会のメンバーの知り合いで当時の富士ゼロックス社長の小林陽太郎にぶつけた。米国企業のゼロックスと日本企業の富士ゼロックスの両方を知る小林の答えは明快だった。「簡単です。米国では開発，生産，販売はそれぞれの段階が終わらないと次に進めない。それに対して日本では開発と生産，生産と販売といったように２つの活動を重複させて製品を開発しているんです。我が社ではそれを『サシミ』開発と呼んでいます」というものだった。

　このアイデアが企業調査の方向性を決定づけた。まず富士ゼロックスのFX-3500という複写機の開発プロセスを調べ，キヤノンのオートボーイなどを調べていった。メインの製品開発の実態調査は野中と竹内が，それを支えるサプライヤーの調査は今井が担当した。そこで野中・竹内組が決定的に重要な事例に巡り合うことになる。本田技研工業株式会社（以下，本田）のシティだ。

ラグビー型製品開発

　シティでは渡辺洋男主任研究員を中心に開発，生産，販売がラグビーでゴールを目指すように同時並行的に進められていた。渡辺の言葉は象徴的だった。

　　「私はいつもチームの人間に『ウチの仕事はリレーではない。俺の仕事は終わった，ハイやってくださいよというリレーではいけない。全員がその距離をかけるんだ』と言っています。ラグビーのように，一緒にみんなが走り，左右でトスし合いながら，ゴールへ駆け込むようにやるのです」[3]

　こうして野中らは日本企業の製品開発におけるリードタイムの短さを，そ

うしたラグビー型の機能間の重複程度で説明し発表した。それは「ラグビーモデル」とでも呼べるものだった。英語の準備は竹内が担当し当日の発表は今井が行った。

　発表は好評だった。コロキアム後にデータを送ってほしいと参加者から問い合わせがあり，何より発表を聞いたハーバードビジネスレビュー（以下，HBR）の編集者が同誌に論文を掲載したいと言ってきたのだ。ただし共著者３名より２名の方が「雑誌編集上望ましい」ということで今井がはずれ竹内・野中の名前で論文を発表することになる。"The New New Product Development Game" というタイトルの論文だ。この論文は当時，学会と実務界，日本と海外の両方で反響を呼んだだけでなく，後にはソフトウェアの開発手法，スクラム型開発の起源にもなるほどのものになった。

世界発信に対する覚醒と事例研究の本格化

　こうしたHBR論文の反響の大きさが野中に英語で世界発信することの重要性を覚醒させる。そこから野中は急速に英語論文を書き，海外発信することに時間とエネルギーを割くようになるのだ。

　こうして野中は一橋に異動したことを契機に新たな人的ネットワークの中で研究を進めるようになっていくのだが，加護野忠男，奥村昭博，榊原清則の３人との共同研究は継続していた。そこに1983年のある日，中央公論社の雑誌『will』の編集部に勤める伊藤実が一橋の野中の研究室を訪れてきた。伊藤の依頼は経営学を専攻する研究者によって，日本企業の実態にふれる論文をシリーズで書けないかというものだった。野中はすぐに加護野と奥村に相談し，1984年１月から連載を開始する。連載が決まった当時，榊原は米国MITに在外研究していて日本企業についての質問攻めにあっていた。また竹内はハーバードで豊富なデータを含む日本企業のケースが不足していることに不満を持っていた。

　特に竹内を除く４人は「日米比較」を出版した後だったので，そこで十分にはできなかった個別企業を分析単位とする徹底した事例研究をしたいと思っていた。同書で得られた洞察を事例研究を通じて展開したいと思っていた

のだ。また当時，日米でベストセラーになったピータース＝ウォーターマンの『エクセレント・カンパニー』が話題になっていた。読んでみると刺激的で彼らの議論の中に日本企業の実践から学んだと思える点が多く含まれていた。だとすれば日本の経営学者は日本のエクセレント企業の実態を調べ，そこから新しい理論化の方向を探る義務があるのではないかと4人は考えるようになっていた。そこにハーバードで教え，事例研究のノウハウを持つ竹内が帰国して加わり連載は翌年1985年6月まで続くことになる。その結果をまとめたのが『企業の自己革新』（1986年，中央公論社）だった。

研究テーマの変遷について加護野が次のように説明する。

　「『日米比較』以降はある環境にどういう組織がよいかという発想よりもむしろ常に環境というのは変わっているから，どう組織を変えていくかが問題のテーマとして大きいと自然と組織変革の問題に行きました。変革するとなったら組織構造の話よりも目に見えない企業風土や文化がかなり手強いものだということがだんだんわかってきました。それはコンティンジェンシー理論をやったことの必然的な結果だと思います。こういう環境にはこういう組織がよい。XにはA,YにはBだとなると環境がXからYに変わったらAをどうBに変えるのかというのが当然，議論として出てくるわけですから」（加護野2013）

情報処理から情報創造へ

　野中はハーバードでの発表や『企業の自己革新』プロジェクトで行った現場調査を通じてある発想を持つようになる。

　「企業の現場に行って，日本企業の経営革新のプロセスを追っていくと単に情報を受け身的に処理しているだけでなく，むしろ情報を創造しているのではないか。意味のある情報を生み出していくというのが単なる情報処理よりもっと重要ではないかと考えるようになりました」（野中2001）

つまり環境に受け身的に適応する存在としての企業ではなく，環境を創造していく存在としての企業の重要性に注目するようになったのだ。ちょうどその頃，野中は日本経済新聞社から経営戦略の書『企業進化論』（1985年，日本経済新聞社）を出版する準備を進めていた。

　「あの頃，榊原の研究室に大学院生の沼上（沼上幹，後の一橋大学教授）がいて，榊原がMITで在外研究をしている間，僕のところに来ていたんです。そこで『俺の書いたものを見てくれ，ちょっと俺の言いたいことを文章にしてみてくれ』と手伝ってもらっていたのです。そこで本の原稿を書いていたのですがどうにも最後のコンセプトが出ないのです。日経の方からは原稿に取りにくるという連絡があって，切羽詰まっていてその時にどんな表題にするかと話している瞬間に『これは情報創造だ』というのがぽっと出たのです。それで副題に『情報創造のマネジメント』とコンセプトを出したのです」（野中2001）

　こうして野中は『will』やハーバード大のプロジェクトで日本企業のイノベーション過程を深く観察するようになり，情報処理よりも情報創造に関心を向けていく。

　「日本企業の事例研究をしていくにつれて，やつらは死ぬか生きるか，本当にクレージーになりながら，コンセプト創造をやっている。そのプロセスは情報処理というよりも全身をかけたもの，何らかの創造なのではないかと思うようになりました」（野中2001）

情報創造から知識創造へ

　そうした時にHBRで発表したラグビーモデルを海外で発表する機会ができてきた。1988年から1989年にかけて野中が在学研究で滞在していたカリフォルニア大学バークレー校で研究発表していた時のことだ。参加者の1人が「ノナカは情報創造と言っているけれども，それは情報ではなく知識（knowledge）

ではないか」とコメントする者がいた。「そうかナレッジか」そう思った野中は以降，知識を扱う哲学の世界に傾斜していく。

　「知識というのは自分のものになっている思いやメンタルモデルとかノウハウみたいな内部化されたものですから極めて主観的なものです。イノベーションというのはそうした主観の客観化というか自分の思いをきちんと言語化して正当化しているプロセスなんだということです。するとこれは単なる情報創造ではない。それは知識ではないかというところから知識創造というコンセプトが出てきました。だから知識が重要だということで僕は『企業の自己革新』以後，哲学の方向へ行きました。そこでマイケル・ポラニーが提唱する暗黙知という概念に出会い，暗黙知と形式知という概念を使って両者の相互作用のプロセスを理論化したというわけです」（野中2001）

　ここで野中がいう暗黙知とは特定状況に関する個人的な知識であり，形式化したり他人に伝えたりするのが難しいものだ。野中が暗黙知のニュアンスを伝えるのにしばしば使うのが提唱者のマイケル・ポラニーの「我々は語れる以上のことを知っている（We can know more than we can tell.)」という表現だ。一方，形式知は明示的な知であり，形式的・論理的言語によって伝達できる知識のことを意味する。野中はイノベーションの本質部分に暗黙知の形式知化を見出し，イノベーションが生まれて組織で正当化されるまでを暗黙知と形式知の概念を使い説明できると考えた。こうして野中が暗黙知と形式知の関係を理論化し情報創造から知識創造へ視点の転換を行った研究成果を書籍として発表したのが『知識創造の経営』（日本経済新聞社，1990年）だった。
　こうして理論を次々に発展させていく野中の姿を，次章の中心人物であり，当時，米国のハーバードビジネススクールの博士課程に留学していた藤本隆宏は次のように語る。

　「野中さんは最初，情報処理でしょ。僕らも情報処理だからモデル化す

るところにすごく影響を受けましたね。野中さんがハーバードに時々，来たのです。来るたびに『おまえ，まだ情報処理なんて言っているのか。君，これからは情報創造だよ』と言うから『そうですか。確かに情報創造ですね』と言っていると，次に来ると『まだ情報創造と言っているのか。君，知識だよ，知識』と言って（笑）見る見るうちに理論を発展させていきました」（藤本）

４人組から１人抜け出る

野中が情報ではなく知識に関心を移していったことはそれまで共同研究をしていたメンバーにとって大きな意味を持っていた。その意味について奥村は次のように説明する。

「日米企業の経営比較の後，日本企業の事例研究をして，その後も加護野，榊原，野中，僕の共同研究は続いていました。1,000万円の研究資金を出してくれるところがあり，ヨーロッパの企業を調べるというプロジェクトをやりました。シーメンス，フィリップスなど３，４回ヨーロッパに４人で行きましたが成果は出ませんでした。野中さんはその頃から価値の問題に入っていき，西田幾多郎の『善の研究』など哲学の話をし始めました。飛行機，列車，車を使った移動時や食事時といったあらゆる時に哲学の話をしてくるようになりました。おもしろいのでみんな議論に参加するのですが，どうしてこんな話をするのかなと思っていました。そこから野中さんは価値の世界（哲学）に入っていって我々のチームから抜けていきました。僕は価値の世界は，自分は違うなと思いました。哲学となると，野中さんはいろいろ検証しようとしていますが，検証できない世界に入ってしまうと思ったのです。僕はビジネススクールで社会人に向けた研究を学者としてやっていこう，違う方向へ行こうと思うようになりました。４人はもともとI love Nonakaで集まったメンバーだったので，野中さんが抜けたら自然と発展的解消になりました」（奥村）

こうして野中が哲学に基礎をおく研究を行うことで日米企業の経営比較を行った共同研究チームは解消されることになるが，野中がその後展開した理論はすばらしいものだったと奥村は言う。

　「野中さんの知識創造はサイモン理論を超えたと思います。サイモンは事実前提に基づく意思決定を対象にし，意思決定そのものよりもアクションに関心があると思います。同じ頭脳を対象としていてもサイモンはコンピュータ（情報）を対象とするのに対して野中さんは人（知識）に向かった。サイモンは価値前提を問題としなかったが野中さんは価値前提を問題として取り上げコンピュータではなく人間，知識に向かった。そこでサイモンを超えたと思います。経営とは知の創造だと言い切ったところが何よりすごい。ポスト・サイモンとしてすごいと思います」（奥村）

世界の研究者との交流と世界発信の本格化

　ところで先に述べたようにHBR発表以降，野中は急速に世界を意識し始める。そうしたことに加えてストックホルム経済大学のグンナー・ヘドランド（Gunnar Hedlund）が世界の若手経営学者を集めた共同研究に参加したことも，世界に向けて研究を発信することを野中に意識させることになった。研究会に参加したのはエレノア・ウェストニー（Elearnor Westney），イヴ・ドーズ（Yves Doz），C.K.プラハラド（C.K. Prahalad），スマントラ・ゴシャール（Smantra Ghoshal），ブルース・コーグット（Bruce Kogut）で，後に優れた論文や概念を発信しスーパースター級の経営学者になる錚々たるメンバーだった。

　「結局，プロジェクトとしては何も出なかったが（笑），世界で活躍する優れた経営学者と意見を言い合えました。そのネットワークの中で後にグンナーとも論文を書いたり，彼の弟子のゲオルグ・フォン・クロー（Georg. von Krogh）とのネットワークもできました。ものすごく刺激になり，有益な研究会でした」（野中2001）

こうして世界発信を意識する野中は『知識創造の経営』を出版した後，すぐに英語の論文にして雑誌に投稿することを考える。

　「まず英語にした原稿をHBRに送りました。その時，HBRのアソシエイトエディターにボブ・ハワード（Bob Haward）という有能な人がいて僕の論文を気に入ってくれました。そこで彼が僕の原稿に編集の手を加えて掲載したのが"The Knowledge-Creating Company"（1991年）です。論文が発表されてグンナーの研究会のメンバーだったブルース・コーグットは先を越されたと思ったようです。当時，ヘドランドの弟子のU. ザンダー（U. Zander）と知識をテーマにした論文を書いていたからです。その論文は1992年にOrganizaiton Scienceに掲載されたのですが，僕の論文の1年遅れになってしまいました。『俺たちの研究のアイデアを使ったのではないか』と今でも彼から言われます（笑）。でも日本語で発表したのが1990年。もっと前から書いていたので見当違いです」（野中2013）

　英語で知識創造に関する論文を発表した野中だが，HBRは学術書ではなくあくまでも実務家を読者とするものだった。知識創造が経営学者の間で議論の対象となるためには学術誌に論文を発表する必要がある。
　学術誌での発表という点ではデューク大学のアリエ・ルイン（Arie Y. Lewin）がキーパーソンとなった。彼は組織研究に関する新しい雑誌Organization Scienceを1990年に立ち上げた。ルインは「書き手を探している」と日本にいる野中を訪ね，論文を書いてほしいと頼んだ。

　「頼まれたのでよーし書こうとなったのですが，ずいぶん時間がかかりましたね。何回か書き直して悶々としていたのですが，それをルインが読んで『これはいい』って言うんですよ。2人のレフェリーからいいコメントをもらえたし，ルインも非常に細かく読んでくれてコメントしてくれました。論文のタイトルも最初はもっと地味だったんだけど"A Dynamic Theory of..."にした方がいいだろうって彼がアドバイスしてくれました」（野中2001）

こうして学術的な意味で世界の組織論研究に大きな影響を与えることになる"A Dynamic Theory of Organizational Knowledge Creation"がOrganization Scienceに掲載されることになる。1994年のことである。

旧友と英語で研究書を発表

　さらに野中は論文だけでなく書籍でも知識創造という考え方を世界発信することを企てる。まずは日本経済新聞社から出ていた『知識創造の経営』をそのまま英語に翻訳するのだが，アメリカ人がすっと理解できる表現にどうしてもならない。そこで野中はハーバードのプロジェクトで一緒だった竹内に助けを求めることにする。

　　「竹内は日本で子供の頃からインターナショナルスクールに通っていたから日本語より英語の方ができる。しかも思考が俺より論理的だ。これは竹内の手を借りる以外にないと思いました」（野中2001）。

■写真5　左から野中と竹内

竹内の方も本を書いてもいいかなと思い始めている頃だった。米国では本よりも論文で研究を発表する方が評価される。日本に帰ってからもあえて本を書く必要はないのではないかと，もともとはそう思っていたという。しかし，ある出来事が竹内の心を揺さぶることになる。

　竹内が一橋に採用された翌年，ウィスコンシン大学

から金子郁容が異動してきた。今井・伊丹が推進していた外部研究者の一橋への迎え入れの流れに乗ったものだ。竹内はこの金子の言動に刺激を受けた。

金子は1988年に今井賢一と学術書と呼べる『ネットワーク組織論』（岩波書店）を上梓した。しかしその翌年に書いた『空飛ぶフランスパン』（岩波書店，1989年）は決してアカデミックな内容が書かれているとは見えない本だった。それを金子は竹内の研究室に来て，「竹内さんは本，書かないの」と言って渡して出ていったのだ。

「はっきり言ってバカにされたね」と竹内は当時を振り返る。金子にばかにされて本を書かないわけにはいかない。そう思っていた竹内は野中からの共著で本を執筆する誘いを受けることになる。

『知識創造の経営』の英語版を読んでみると竹内には何が書いてあるかさっぱりわからなかった。野中への竹内の第一声は「これじゃダメですね」だった。そこで「ゼロから書くつもりでやりましょう」と野中に進言し，野中の理解を得た上で作業を始めることにした。

竹内からのアドバイスは野中の論文を気に入ったHBRのエディターだったボブ・ハワードを雇って本に関するコンセプト・エディティングをしてもらおうというものだった。

　　「1日，1,000ドルで7日間。章立てから本の枠組み，展開の仕方についてアドバイスをしてもらいました。高くついたけど，これはとても勉強になりました」（野中2001）

本の骨格が決まったら次はいよいよ中身だ。たたき台となる草稿は竹内ゼミの大薗恵美と藤川佳則（2人とも後の一橋大学教授），そして図書館に勤めていた梅本勝博（後の北陸先端科学技術大学院大学教授）が書いた。それを元に1つ1つの文章を野中と竹内が議論を戦わせながら確定していった。野中は言う。

　　「竹内とは毎日がバトルだった。彼が『わからない』というのは論理的でない，ということ。そこを彼が理解できるまでとことん詰めていったので

す。おかげでいい本になりました」（野中2001）

知識創造企業，世界中で引用される

　こうした努力が実り知識創造に関する世界初の本格的経営書 The Knowledge-Creating Company は完成する。1995年のことである。発売後，同書は経営学の書籍として出版元の Oxford University Press での最速の売れ行きを見せることになる。中身もさることながら売れ行きの好調さは竹内の努力によるものだった。販売促進のため，依頼があれば竹内はアメリカ各地のラジオ・ショーやテレビに出演し書籍の中身を読者が興味を持ってもらえるように宣伝したのだ。こうして The Knowledge-Creating Company は世界の実務，経営学の両方に広く受け入れられ抜群の知名度，被引用回数を誇る経営理論としての地位を確立することになる。

　野中と同様，経営書 Mobilizing Invisible Assets が世界で広く読まれ引用されている伊丹敬之に The Knowledge-Creating Company が世界的に高い評価を得た理由は何だと思うか尋ねてみた。

　「2つの理由で受けたのだと思う」と伊丹は言う。

　　「いい本だと思う。（暗黙知と形式知が変換，組み合わされながら知識が高質化していく）鳴門巻き（スパイラル）。形式知と暗黙知のツーバイツーで説明すると，みんな安心する。あれは見事なフォーマリゼーションだと思う。もう1つは哲学の議論を前半でしている。あれがよかった。アメリカの本にはああいうものはない。オリエンタルティストが出ている」（伊丹）

　社会人にとってわかりやすい2×2のマトリクスで理論を表現し，しかも経済学や社会学，心理学といったディシプリンのさらに根源をなす哲学に基礎をおいて議論を展開した点が評価されたと伊丹は見る。世界から大きな注目を浴びる日本発世界標準の経営理論が誕生した瞬間だった。

〈注〉

(1) 本章の内容は特に断りがない限り，以下のインタビューをデータ源に記述したものである。

野中郁次郎　2001年2月28日（本文では（野中2001）と表記），2010年5月15日，2012年7月12日，2013年10月11日（本文では（野中2013）と表記），2015年10月9日，2016年3月28日。

加護野忠男　2012年6月25日（本文では（加護野2012年6月）と表記），2012年7月4日（本文では（加護野2012年7月）と表記），2013年9月17日（本文では（加護野2013）と表記）。

奥村昭博　2012年8月26日（本文では（奥村）と表記）。

榊原清則　2012年11月9日（本文では（榊原）と表記），2020年6月9日。

今井賢一　2012年12月14日（本文では（今井）と表記）。

藤本隆宏　2013年6月25日（本文では（藤本）と表記）。

竹内弘高　2012年7月26日。

伊丹敬之　2012年7月20日（本文では（伊丹）と表記）。

網倉久永　2016年3月23日。

米山茂美　2016年3月23日。

(2) 野中郁次郎「私の履歴書」日本経済新聞，朝刊，2019年9月11日。

(3) 今井賢一編著（1986年）『イノベーションと組織』114ページ。

〈参考文献〉

今井賢一編著（1986）『イノベーションと組織』東洋経済新報社。

今井賢一・金子郁容（1988）『ネットワーク組織論』岩波書店。

加護野忠男・野中郁次郎・榊原清則・奥村昭博（1983）『日米企業の経営比較』日本経済新聞社。

金子郁容（1989）『空飛ぶフランスパン』岩波書店。

竹内弘高・榊原清則・加護野忠男・奥村昭博・野中郁次郎（1986）『企業の自己革新』中央公論社。

戸部良一・寺本義也・鎌田伸一・杉之尾孝生・村井友秀・野中郁次郎（1984）『失敗の本質』ダイヤモンド社。

野中郁次郎（1974）『組織と市場』千倉書房。

野中郁次郎（1985）『企業進化論』日本経済新聞社。

野中郁次郎（1990）『知識創造の経営』日本経済新聞社。

野中郁次郎・加護野忠男・小松陽一・奥村昭博・坂下昭宣（1978）『組織現象の理論と測定』千倉書房。

Imai, K., Nonaka, I. and H. Takeuchi（1985）"Managing the New Product Development Process: How Japanese Companies learn and unlearn." in *Uneasy Alliance: Managing the Productivity-Technology Dilemma* 1985. Kim B. Clark（ed）Harvard Business School Press: 337-381.

Ikujiro Nonaka "The Knowledge-Creating Company."（1991）*Harvard Business Review*

November-December: 96-104.

Ikujiro Nonaka (1994) "A Dynamic Theory of Organizational Knowledge Creation." *Organization Science* 5-1:14-37.

Nonaka I. and H. Takeuchi (1995) *The Knowledge-Creating Company* Oxford University Press.

Edith Penrose (1959) *The Theory of the Growth of the Firm* John Wiley.

H. Takeuchi and I. Nonaka (1986) "The New New Product Development Game." *Harvard Business Review* January-February:137-146.

第**3**章

世界規模で自動車業界を研究する

自動車業界研究の代表選手⁽¹⁾

　90年代から2000年代初頭の経営学では自動車業界研究が大きな注目を集めてきた。本章で紹介する藤本隆宏はその期間の日本を代表する自動車業界研究者だ。藤本は1955年生まれで東京都出身。東京大学経済学部卒業後，三菱総合研究所（以下，三菱総研）を経て1984年にハーバードビジネススクール博士課程に入学する。そこで第2章で紹介した野中に次ぐ多被引用回数の研究（Product Development Performance Harvard School Press 1991年。被引用7,390回，2020年7月14日現在）をハーバード大学の教授，キム・クラークと行うことになる。本章ではまず彼の大学時代からの「調査活動」を追いかけることにしよう。

■写真6　藤本隆宏

期待を裏切った配属

　「君，（配属が）産業経済になったみたいだよ」，卒業を間近に控えたある日，指導教官の土屋守章から言われた言葉に藤本はショックを受けた。「えっ，聞いていませんよ」と返事を返すので精一杯だっ

たが，土屋が嘘を言っているとは思えなかった。三菱総研に入社を決めた藤本だったが，配属を希望していたのは地域経済室だった。

「地域経済室に行きたいと思っていたのに部長間で新入社員の配属について取引があり，その結果，僕が産業経済の方に行くことになったのだそうです。地域経済に行きたいのに何だよ産業経済かよ，とがっかりしたのを覚えています」(藤本2013)

経営学のゼミを選ぶ

藤本が三菱総研の地域経済を希望するまでを説明するには少しばかり長い話をする必要がある。彼は大学在学中，農村調査を行っていた。1974年に東京大学の文科二類に入学した藤本は3年になり経済学を勉強することにあまり乗り気がしなかった。経済学が抽象的な話をしているように聞こえ，経済学を研究する自分を上手くイメージできなかったのだ。そこでいったん，旅行を兼ねて海外で勉強してみようと思い立ち，アメリカに行ってみることにする。

藤本は祖父が米国移民として住んだシアトルを出発点に長距離バスに乗りアメリカを放浪した。途中，ハーバード大学で特別学生として半年間，勉強し単位も取った。ただし学んだのは経済学以外，国際関係論や官僚制論，環境の科学といった科目だった。

アメリカから戻った藤本は，社会システム論で有名な公文俊平のところに挨拶に行った。藤本は1，2年生の時，公文のゼミに所属していたのだ。帰国の報告をすませた後，藤本は公文にアドバイスを求めた。「私のような抽象的な議論が好きでない学生はどこの研究室に行けばよいのでしょうか」と。「なら，土屋先生だね」，間髪おかず返ってきた公文の答は経営学者の土屋守章のゼミで学ぶことだった。土屋は経営史学の大家，中川敬一郎を師匠とし，実証研究を重視する研究者だった。議論を好み，学生であってもどんな権威であっても常に同じ目線に立って議論する人物だった。土屋ゼミで経営学を学ぶことにしたことは後に藤本がハーバードに留学し東京大学に研究者とし

て戻ってくる遠因となる。

　アメリカに行ったことは実は藤本の将来の選択肢に別の形でも影響を与えた。藤本は公文のゼミに参加する一方で東大剣道部に所属していたがアメリカに行って休学したことで同期生は1年先に卒業する。自分だけが剣道部に残っていると（同じ学年になった）後輩たちが（自分に対してどのように接してよいかわからず）やりにくいだろうと思った藤本は同期と一緒に繰り上げで剣道部を卒業した。4年生になった時には卒業に必要な単位もだいたい取り終えていた藤本は剣道部がないと自由時間が相当できる。ならば残りの1年，できた自由時間を有効活用したい。

友人との会話から始まった農村調査

　そう考えていた矢先に高校剣道部からの友人だった（後に信州大学で経営学を教え，経済学部長になる）柴田匡平と焼き鳥屋で食事をする機会があった。柴田は藤本から見て破天荒なところがあり，付き合っていて楽しい人物だった。高校時代にフランス語圏のスイスに留学しフランス語が堪能な上に芸大に行けば才能を開花させたのではないかと思わせるほど絵が異様にうまかった。にもかかわらず文学部の仏文科にも芸大にも行かず東大に入り人文地理を専攻していた。その柴田と話しているうちに盛り上がり「大学の授業の他にももうちょっとおもしろいことができるんじゃないか。何かやろうぜ」ということになった。

　藤本は，京都大学人文科学研究所（京大人文研）で今西錦司，桑原武夫，梅棹忠夫といった多様な知の巨人が集まり議論し独創的な研究成果を生み出す姿に憧れを感じていた。「京大人文研のいろんな学問を専門とする錚々たるメンバーを結び付けているのは現場だ。俺たちにも現場が必要だ」と藤本が話すと当時，農業経済を教えていた佐伯尚美教授の言葉が話題になった。佐伯は「田んぼに出れば近経（近代経済学）もマル経（マルクス経済学）もないぞ」と話していたというのだ。「そうだ。工場を観察するには建物の中に入れてもらわないといけないが，それは学生の自分達ではハードルが高すぎる。でも田んぼなら誰でも自由に出入りでき，見放題。調査のし放題だ！」そう

思った藤本は現地調査に興味を持つ仲間を集めることにした。日本銀行に就職する高橋研造，前述の佐伯尚美のゼミ生でその後，東京大学経済学部で農業経済学を教えることになる矢坂雅充，ボストンコンサルティングでコンサルタントとなり後に信州大学教授になる今村英明といったメンバーだ。集まったメンバーは現代農業問題研究会という名前の研究会を立ち上げた。

対照的な調査対象

　研究会で調査対象としたのは長野県八ヶ岳と千葉県の印旛沼だった。前者は江戸時代から歴史ある古い灌漑用水で後者は近代的な灌漑システムだ。調べてわかったことは意外にも江戸時代からある古いシステムの方が長期的にみると合理性があるということだった。八ヶ岳の灌漑システムは米作の生産性などを見ると印旛沼と比べ遜色がなく，水利コストははるかに安かったのだ。

　ポイントは「水争いがあるかどうか」だった。水争いは価格を使わず資源（水）の配分を決めていく仕組みだと解釈でき，八ヶ岳では上流から下流に至る川の分岐点で水の取り合いが起こっていた。例えば下流の村で水が不足しそうになると下流にある村の農民が夜陰に紛れて水の分岐点にやってきて隣の村に行く水の取水口をふさいでしまう。上流の水が不足しそうになると今度は上流の農民達がムシロのようなものを使って用水路にダムのようなものを作って水位を上げ，自分のところに多く水が来るようにする。そうなると今度は，水が来なくなってしまった下流の村の農民が再び，夜にやってきてダムを壊して応酬し水を取り返す。灌漑用水はこうした水争いを通じ長い時間をかけて自然と村の間に適量の水が配分される仕組みになっていた。この仕組みが非常に不思議だったのは，水争いをしていてもお互い決定的な紛争にまでエスカレートしなかったことだ。その秘密は「水争いで水を多く引っ張ってくる仕掛けはお互い時間をずらし直接，顔を合わせないように行う」という暗黙のルールにあった。こうした暗黙のルールは誰が決めたというわけではなく創発的に決まっていた。

　一方，印旛沼の近代的システムは大きなポンプ場をいくつも作り，田んぼの

ところに蛇口が来ていて，ひねれば水が出るシステムだった。このシステム
は，水が地下を通っていて水争いが起こる余地がない，一見非常に合理的に
水が配分されているように見えるものだがメンテナンスが意外と難しいのが
欠点だった。例えば，水資源開発公団が水利システムを作ると非常に重装備
なものを作る傾向があり，しかも誰かがシステムをメンテナンスしようとす
るインセンティブがない。だからメンテナンスしないままほっておくとパイ
プがどんどん目詰まりしてあちこちで水が出なくなり，いざバイパスのパイ
プを通して修理しようとすると非常に金がかかってしまう結果になっていた
のだ。それに対し八ヶ岳では，水争いをすること自体が同時にその都度，用
水路の不具合を直すことにもなりメンテナンスすることと同じ働きをしてい
た。その地域の農民全員がメンテナンスを300年かけて行っていたのであり
長期的にみると低コストの水利システムになっていたというわけだったのだ。

　　「どうもこういうのを見ていると，よかれと思ってやったことというのは，
　必ずしもうまくいかないことがあるし，必ずしも目的を持ってやっていな
　かったことが，事後的に合理性を持つなんていうようなこともあるんだな，
　なんていうことを随分と勉強したわけです」(藤本[2])

　藤本にとって農村調査は現場調査のおもしろさと現場の実態を表現する「創
発」という概念の大切さを身にしみて感じる経験となった。藤本はこの調査
を元に「灌漑システムに関する組織論的考察」というタイトルの卒業論文を
書き上げることになる。

就職活動

　農村調査は調査それ自体も知的に興奮したが，現場で起こる様々なことが
若者にとって心地よい経験となって残った。用水路を調査していると蛇が昼
寝をしていてそれを起こさないように息をひそめ緊張しながら傍で測定を行
ったこと，取材に行った村の古老の家で意気投合し酒を飲み過ぎた結果，家
に帰るのが1日延びてしまったことなど自然や人の心の温かみに触れること

ができた農村調査は金で買えない経験となった。そんな得難い経験をした藤本は調査ができて金がもらえる会社，できれば地域経済が調査できる就職先を探すことにする。

　「農村調査は本当に楽しかった。ああいう楽しいことは続けたいなというのがあったので大学院への進学は一切考えませんでした。当時，東大の大学院には現地調査するという雰囲気がほとんど感じられなかったのです。調査ができそうな会社にいろいろ行きました。銀行に言ったら『調査をやらせてあげるよ』と言われるのですが調査をする現場を見せてもらうと審査部に連れて行かれました。それは私が経験した調査とはほど遠く，机の上で何か作業をしているようにしか見えませんでした。電力中研にも行きました。すると『ここは（入社して）いきなり来るところではない。君，東電（東京電力）に入りなさい（つまり東電で経験を積んでからその後，異動願いを出してここに来なさい）』と言われました。その言葉を鵜呑みにして東電に入っても営業をして営業管理の仕事の方に進んでしまう可能性もあるかもしれないと思うと東電に行こうと思えませんでした。僕はすぐに調査をしたいわけです。本当はアジ研（アジア経済研究所）に行きたかったのですが，アジ研は修士しかとらないこともわかってきました。『なかなかピンとこないな』と思っていた時に三菱総研という話が出てきたのです」（藤本 2019）

三菱総研産業経済室

　後日談だが実は藤本の三菱総研入社はスムーズに決まったわけではなかった。三菱総研は経済学の産業組織論を学んだ学生を採ろうとしていたのだ。そこに経営学を専攻した藤本が応募してきたので，議論は紛糾した。経営学でもおもしろいから採用しようという意見がある一方で，経営学を学んだ人間では産業などわからないだろから不採用だ，という意見もあり，最終的には投票が行われ僅差で採用となったのだそうだ。

「仕事が人並み以上にできるようになってくると，『おまえが三菱総研に入れて今のおまえがあるのは俺の1票があったからだ』と同じようなことをあちこちで言われるようになりました（笑）」（藤本2013）

　最初に触れたように藤本の配属は意に反し産業経済室で，この年，同室に入ってきたのは3人だった。神戸大学大学院経済学研究科の博士課程を修了し後に慶応大学商学部教授となる井手秀樹，横浜市立大学で計量経済学を研究し修了号を取り，後に長崎大学経済学部助教授となり，再び三菱総研に戻る寺村孝太郎，そして学部卒の藤本の3人だ。藤本は「学士なので金の卵と言われました。これはいいという意味ではなく（博士課程，修士課程といった）大学院修了者の中の学士なので昔の中卒みたいだというのでそう呼ばれたのです」と笑う（藤本2013）。ちなみにこのころの三菱総研の産業経済室はほとんどの研究員が大学に職を得ている。3年上の石井耕は北海道大学，すぐ上の先輩の佐々木康史は明海大学，1年後に入社した町野和夫は北海道大学，鵜飼信一は早稲田大学，3年後輩の武石彰は一橋大学（後に京都大学から学習院大学）という具合だ。

新入社員研修

　入社して最初の研修はプログラミングから始まった。当時，三菱総研で最も利益を上げていたのはコンピュータの計算を外部に時間貸しするサービスだった。

「スーパーコンピュータのクレイワンを購入して計算時間の裸売りをして儲けることを考えるといった時代でした」（藤本2019）

　採用する社員がこの計算センター事業につく者が多かったため，そういう社員に混じって産業経済室の藤本達3人は計算センター事業に配属予定の者たちと同じ内容の研修を受けることになる。

「新入社員はみんな一緒の研修ですからフォートラン（FORTRAN）の研修とかをしたわけです。東大でも一応，コンピュータがある部屋に出入りしていたので学部でもやっていたのですが，まったくおもしろくありませんでした」（藤本2019）

そこに室長の松井幹雄が2週間ほど経って現れた。松井はクラレからの転職組で東京大学経済学部教授と総長を務めた大河内一男の最後のゼミ生で英字雑誌を毎週読み経営書を原文で読むほど非常に学究肌だった（ちなみに松井はその後，拓殖大学の教授となる）。

「君，どう，研修おもしろいかい？」と松井。「おもしろくはないですけど，ちゃんとやっていますよ」と藤本。「そうかぁ，おもしろくないかぁ。だったらもっとおもしろいことやらせてやろうか」と松井が思いもかけない言葉をかけてきてくれた。

「えっ，もっとおもしろいことがあるのですか。だったら是非やらせてください」藤本はこれはありがたいと松井の話に飛びついた。「わかった。今日，手続きをしとくから君の研修は今日でおしまいにしよう」と松井は言い，去っていった。

敗戦処理の仕事

次の日，松井から行くように言われた部屋に行ってみるとそこには30枚ほどの模造紙が置いてあった。それは通産省（現経済産業省）からの仕事だった。

「あのころは貿易摩擦が激しくなってきて，輸出一辺倒では駄目だという時代になろうとしていました。そこで通産省が目をつけたのが当時，流行り始めていた経済安全保障でした。やっていたことはコバルトとかチタンとかマグネシウムとか日本にとって重要なレアメタルが，どこの国がどこの国に対して輸出依存度が高いか，あるいは輸入依存度が高いかを調べて表にするというものでした。作業としては単純なようですが，これをやる

には世界中の貿易統計を取ってこないとできないのですさまじい手書き作業になるのです。当時はまだ表計算ソフトのエクセルもなく模造紙に100×100ぐらいのマトリックスを作ってそこの中を輸入比率と輸出比率で埋めていくということをしました。その仕事を三菱総研は慶応大学の福岡正夫ゼミに委託していました。作業が滞っていたので『おまえ，人足頭をやってこい』ということで送り出されたのです。数字を埋めた30枚の模造紙に多少理論的なことをくっつけて報告書にして通産省に提出しました。ちなみに福岡ゼミを仕切っていたゼミ長が慶応大学経済学部教授になった竹森俊平さんです。おもしろかったのが，提出するという時になって表紙を見ると1979年3月になっていて……つまり本当は3月に終わっていないといけない作業が4月まで繰り越されてしまっていたのです。『なんだ敗戦処理の仕事じゃないか』と正直思いました」（藤本2019）

次の仕事は藤本のメンター役となる佐々木康史から指示されたものだった。一般社団法人日本自動車工業会（以下，自工会）から依頼された「発展途上国の自動車産業」というプロジェクトで発展途上国の自動車業界を調べるものだった。例えばフィリピンやタイといった発展途上国の貿易政策や資本政策，市場の状況等をJETROのものや玉石混淆のデータを分析して報告書を作成する。報告書はIとIIの2巻分，作成した。入社して2つ目のプロジェクトで早くも巡り合った自動車業界だったがこの仕事も完成は1979年8月だったにもかかわらず報告書の日付は1979年3月だった。この仕事も藤本の言葉で言えば「敗戦処理」だった。

自動車業界の専門家となる

「発展途上国の自動車」プロジェクトは藤本にとって最初の自動車業界を扱うプロジェクトであると同時に自工会に出入りするきっかけとなった。自動車業界を調査するなら自工会は何と言っても最重要の情報源で頻繁に足を運んだ。

「（三菱総研が）大手町ビルの３階にあった自工会の建物に近いから，歩いて行ける距離だったのです。こちらはペーペーですが，時間があれば出入りしていました」（藤本2019）

　当時，三菱総研では自動車関連の調査依頼に人を割くほどの余裕がなかった。しかし，そうした調査依頼が増え始めたため「発展途上国の自動車」プロジェクトを終えた藤本のところに「自動車のことをやったなら，これもできるだろう」と自動車関係の仕事が次々，回ってくるようになった。NIRAのものやマルチクライアントといって自動車業界にかかわる１つのテーマに対し興味を持つ複数企業から調査資金を募るプロジェクトも藤本のところに回ってきた。マルチクライアントのプロジェクトは自動車に関係する企業やそれ以外の企業を含め１社200万円から300万円を10社から20社ほど集めた総額２億3,000万円のプロジェクトだった。「マルチクライアントの仕事は二度ほど担当しました」と藤本は言う（藤本2013）。このマルチクライアントのプロジェクトの仕事を通じて藤本はプロの調査員として鍛えられていった。

　「マルチクライアントのプロジェクトは大変なのです。マルチというのは各社が相乗りしながら最終的にはコンサルティングを要求してくるみたいな話になるので，手間がかかって仕事量が滅茶苦茶多くなるのです」（藤本2013）

自動車業界での人脈を築く

　自動車業界に関するマルチクライアントのプロジェクトは1980年，1981年と２年連続で行われ，藤本はアメリカ担当として参加した。３週間アメリカに調査に出かけ結果を報告書にして，クライアントにフィードバックとして報告に行く。そのようにして自動車業界関連のプロジェクトをいくつも担当した結果，自然と「自動車関連なら藤本に」という流れが徐々に定着していった。

　自動車関係のプロジェクトの経験が増えていくとそれに呼応して業界関係

の人脈が蓄積されていった。室長の松井が外部の勉強会や研究会への参加に寛容だったからだ。

　「松井室長は非常にリベラルな人でした。外部での勉強会や研究会があって行きたいと思い相談すると『そういうことがあるなら行ってきなさい。どんどん吸収してきなさい』という感じで見てくれていました。『いつも会社にいろ』みたいなことは言わない人で，僕は本当に上司に恵まれたわけです。例えば外部の勉強会に有給休暇を取って行ったという記憶があまりないのです。それも仕事の一部だという感じでした」（藤本2013）

　自工会以外にも藤本は，例えば多様な自動車業界関係者が出入りし業界の重要な情報源として知られる自動車問題研究会にも出入りするようになる。自動車問題研究会は，法政大学経済学部で教授だった大島清を父に持ち機械振興協会経済研究所の調査役で，後に経営学者になる大島卓が中心となり1970年に設立された研究会だ。初代会長は飛行機・自動車の技術者であり，評論家の宮本晃男だった。1970年と言えば当時，自動車に関しては公害や交通事故が問題になっていた。交通事故では当時1万人以上の死亡者が出ていた。経済の高度成長，モータリゼーションの進行とともに問題も噴出し始めていた。
　そうした状況では自動車はまさに大変な問題を抱えた商品だということになり，自動車問題研究会という名前を付け，解決策について議論する場が作られた。そこに集まったのが自動車会社の当時東京にいた広報・渉外の人たちで，その会のまとめ役になったのが年長者の大島だった。

　「当時は会員には野村総研（野村総合研究所）の人もいたし，いろいろな人がいましたから，そういう人の話を聞きに行ったりとかということをやっていたのです。工場にグループで見学に行く勉強会があると参加していました。実は最初にどこで大島さんと知り合いになったかはよく覚えていないのですが，大島さんが『藤本君，自動車問題研に入りなさいよ』と言うので，入れてもらったのだと思います」（藤本2019）

後のIMVPのメンバーになる

大島との出会いはMITの国際自動車研究プログラム（後のInternational Motor Vehicle Program，以下IMVP）のメンバーになる入り口にもなる。大島が1980年から始まるMITを中心とする国際自動車研究プログラムの初期のメンバーだったからだ。

　「大島さんはIMVPの第一期に入っていましたね。下川先生（下川浩一：法政大学教授）とも大島さんつながりで出会ったのかも知れません。当時は本当に自動車業界を専門，フルタイムで研究するような人というのは多分下川先生が最初だったと思います。そういう中で大島さんと下川先生は自動車問題研究会を通じていろいろなことで知り合いになっていったと思うのです。入った経緯は覚えていませんが自動車問題研究会とIMVPの部会のメンバーに入りました。部会に入ったのはどっちが先だったかもちょっと覚えていないのですが，ほぼ同じ時期，1980年頃でしょうね。大島さんが『今度そういうのをやるから，あなたも来なさいよ』みたいなので，行ったら，下川先生がいたのかもしれません。1980年からはMITのプログラムの下部（つまり日本での）組織に入って下川先生と一緒に自動車部品などの工場を見学させてもらいました」（藤本2019）

運命的な出会い

こうして，自動車の仕事が来たなら彼だ，と社内の誰もが認識するようになった藤本に運命的な出会いがやってくる。1981年の「自動車産業の将来予測」という名のマルチクライアントのプロジェクトでのことだ。

　「最初，日本での調査を行い，その後でアメリカ，ヨーロッパの自動車業界を調査してくるというマルチクライアントプロジェクトで僕はアメリカ担当でした。『金がないので1人で行ってこい』と上司に言われ，1人で3週間ぐらいアメリカをあちこち回りました」（藤本2013）

自動車工場の国際競争力はアメリカと日本でどうなっているのかというテーマがちょうど注目されている頃だった。そこで藤本は1981年夏に３週間アメリカに出張することになった。デトロイトの自動車メーカーを訪問したりカリフォルニアの市場を調べたりする予定で滞在していた。そうする中，GMの副社長への聞き取りを行ったデトロイトでの夜，宿泊先の宿に，１本の電話が入る。三菱総研のワシントンDC事務所長の長田好生からのものだった。

　「藤本君，時間をつくれるようだったらボストンのハーバードビジネススクールにおもしろい人がいるから是非会ってきてほしい」

　ワシントンDCの事務所には２人ほどの日本人が駐在してアメリカに仕事で来た社員や取引先に情報提供したり，同行するといった仕事をしていた。同時にアメリカでの様々な動きを察知し日本に報告する情報収集機関の役目も担っていた。そのアンテナにハーバードビジネススクールのウィリアム・アバナシーという教授が引っかかったのだ。読者は覚えているだろうか。そう前章で竹内弘高を通じて1984年のハーバードビジネススクール創立75周年記念コロキアムでの発表を野中郁次郎と今井賢一に依頼したあのアバナシーだ。
　当時，日本では，自動車市場で米国の反撃が始まるぞと言われ始めていた頃だった。自動車業界におけるアメリカと日本の競争力の比較では多様な意見が多様な人によってなされていた。例えば次のような説明だ。⁽³⁾

(1)　コスト優位論：日本は低い人件費，有利な円・ドルレート，低い資本コストが日本企業にコスト優位をもたらしている
(2)　幸運論：エネルギー危機が到来した時に日本はたまたま燃料効率のよい車を販売していた，あるいは単純に景気循環のよい時に運よくあたった
(3)　日本株式会社論：日本の通産省が大規模産業を行政指導し歩調を合わせた行動をとらせたからだ
(4)　文化論：日本の文化がより効率的な生産を可能にしたのであって，それは他の国では再現不可能なものだ
(5)　技術論：日本の工場には最新の最先端の自動化技術が入っているからだ

(6) 政府の政策論：アメリカに対する貿易障壁，日本のより寛大な労働法の
　　存在，日本の医療保険制度が人件費を低下させている

　といったものだ。そうした議論の中，長田の説明によるとアバナシー教授
は異なる意見を議会で述べていた。

　「議会で『我々が負けているのは日本のロボットなどの固有技術によって
　ではない。全体のシステムの話なのだ。もともと俺たちが持っていたもの
　を俺たちが忘れてしまったのだ。トヨタがちゃんと俺たちが忘れていった
　ものを拾って黙々と進化させて今のシステムを作り上げたのだ。これをき
　ちんと我々は根っこから理解して学ぶべきことを学ばなければいけない』
　といったことを彼は言っていたのです」（藤本2013）

　アバナシーは日本が強いのはモノづくりの基本を徹底して実行しているか
ら競争力があるのであって，それはアメリカ企業が忘れてしまっているもの
だと主張していた。労働や生産機械でなくマネジメントの差が問題なのだと
指摘していたのだ。

　「そんなことを言った人はアメリカでは多分初めてで，長田さんからする
　と強烈な印象を持っていたのでしょう」（藤本2013）

　長田の話を聞いて藤本はアバナシーという人物に少なからず興味を持った。
プロジェクトで藤本はアメリカが反撃してくるといった話を懐疑的に捉えて
いたからだ。長田はすでにアポを取ってくれているという。そこで指示に従
ってハーバードビジネススクールを訪れることにする。ハーバードビジネス
スクールの教員の研究室があるモーガンホール，当時の生産管理を専攻する
研究者たちが指定席にしていた半地下一階の一室にアバナシーの研究室はあ
った。

　「行ってみたらアメリカの田舎の気のいいおじさんみたいな人が出てきた

のです。彼は明るく豪放磊落。後になってわかるのですが，ハーバードにはカミソリみたいに頭が切れる人が多いのですが，彼はナタのような人でした。細かいところは吹き飛ばして荒っぽいのだけれど，大きな幹にあたる部分を見つけてモデルを作っていくという人でした。話を聞くうちに世の中にはすごい人がいるなと思うようになりました」（藤本2013）

　この訪問でアバナシーの慧眼に触れた藤本はアバナシーのすっかりファンになってしまった。帰国してアバナシーの見通しに従って調べてみると日本に比べてアメリカの設備の生産性は半分ほどにしかなっていなかったことがわかってきた。当時，GMが400億ドル投資して工場を一新する，そうすれば日本なんてあっという間に逆転されてしまうという話が出ていた。しかし分析結果が示したのは，400億ドルと言っても日本で言えば実質200億ドルぐらいの評価にしかならないというものだった。

　若く怖いもの知らずの藤本はこの結果に興奮し，「400億ドルに過剰反応すべきではないのではないですか。計算上，そんなふうにはなりませんよ。GMといったって大したことはないんではないですか」とプロジェクトの報告で発表した。

　残念ながらクライアントの反応は芳しいものではなかった。藤本の意見を聞いてクライアントの中には激昂し「おまえみたいな若造にはわからないのだ。何しろアメリカだぞ。アメリカはすごいんだ」と取り合わない者もいた。それでも藤本は自分の分析結果に自信を持っていた。そして分析結果の基になったアバナシーの洞察力に驚き，彼をますます尊敬するようになった。

日本での調査に同行する

　その後，藤本が帰国してそう時間が経たないうちに，思いがけずアバナシーの方から連絡があった。「実は自動車や自動車部品の工場を調査するためにこの夏（1981年）に日本に行くのだけれど，君は自動車を調査しているのだったら通訳を兼ねて手伝ってくれないか」というのだ。アバナシーとの個人的つながりでの依頼なので仕事としてではないのだが，もちろん藤本は二つ

返事で快諾した。

　後になってわかるのだがアバナシーは癌に体を侵されていた。彼は今回の日本訪問は3週間，最初で最後になることを覚悟した上でのものだった。東洋工業（マツダ），三菱自工，本田，トヨタ，日産，日本電装（デンソー），日本ラジエーターといった主要自動車メーカーと部品メーカーを訪問し調査した。藤本はその中の合計日数で7日程度を同行した。調査にはアバナシーからアメリカで紹介された敬虔なモルモン教徒で32歳，若手研究者のキム・クラーク（Kim Clark）も同行した。 彼は1978年にハーバードで経済学の博士号を取りハーバードビジネススクールに就職しアバナシーと一緒に自動車業界の研究をしていた。

　藤本にとって非常に印象的だった調査風景がある。アバナシーは調査現場ではほとんどノートを取らない。その横でクラークがちょっとしたことでも漏らすまいとノートを忙しく取っていた。

　　「アバナシーさんには明確な仮説があって，それと合っているか合っていないかを見ているらしい。合っていれば何も書かない。これに対してクラーク助教授は，その後の僕みたいな感じで，かりかりかりかりノートを取っているわけですよ。クラークがかりかりノートを書いていて，アバナシーはあれこれ質問し，おもしろがり，笑っている」（藤本[4]）

　癌に侵されているにもかかわらずアバナシーの調査姿勢に悲壮感はまったくなかった。「今は癌の治療で頭に毛がないけど，昔はふさふさ毛があったんだぜ」と冗談ぽく話すことはあっても調査中に癌であるそぶりを見せることはまったくなかった。藤本は現場をいつもおもしろがり明るく調査を進めながら新しい視点で有望な展望が持てる発見物を見つけていくアバナシーにますます惹かれていった。こうして，アバナシー達が日本での調査で出した結論は「やはり日本企業というのはものづくりの基本を忠実にやっている」というものだった。

　調査期間の3週間が終わり最後の打ち上げの懇親会が下川浩一の自宅であった。下川も藤本と同じように彼らに同行し通訳をしていたのだ。

「3週間やって，打ち上げみたいなのを下川先生の家でやったのです。下川先生の家に何人か彼の仲間の人が来て，僕も呼んでもらいました。下川先生とは『自動車の将来』というMITにできた最初のプロジェクト（後のIMVP）のチームが日本にもあって，そのチームに僕が入れてもらっていたので，そこで下川先生と一緒にいろいろやるようになっていたのです。当時，下川さんは（藤本の学部時代の指導教官だった）土屋先生と仲がよかったから，『君も来なさい』と呼んでもらって，下川先生のうちでお酒を飲んでわぁわぁやったわけです」（藤本2013）

　その時の様子がわかる文章がある。藤本が2010年8月2日に他界した土屋の葬儀の時に読んだ弔辞だ。

　「私がアメリカ東部の大学に留学できたきっかけは，ビル・アバナシーという，ハーバード大学の大先生と出会ったことですが，気さくでユーモアのあるところが，お二人はよく似ていました。たまたま，アバナシー先生と，下川浩一先生，土屋先生，それから品質管理で伝道師的な活躍していたK先生が，会話をしていた時，アバナシー先生が『Kさん，するとあなたにとって，品質管理運動の創始者である石川教授は，イエスキリストみたいなものだね』と言い，K先生が，そうだと答えると，その横にいた土屋先生がすかさず，『するとKさんはペテロだね』とおっしゃいました。アバナシー先生は大爆笑され，あとで，通訳として同行していた私に『君の先生はなんて頭のいい人なんだろうね』と楽しそうにまた笑いました。私にとって，人生の中の光る一瞬であり，私の転機の始まりも，このあたりでした」

ハーバードへの誘い

　アバナシーからの藤本に対するハーバードの博士課程への最初の誘いはこの懇親会での会話の中で出た。

「『おまえ，そういうこと（自動車業界の調査）をやっているのなら受けてみないか』みたいな話が出たのです。あまりにも予想外，突然すぎて寝耳に水でした」（藤本2013）

アバナシーは本気だった。彼の帰国後，藤本にハーバードの博士課程進学を勧める一通の手紙が届く。

1981年12月1日付で親愛なるフジへ（その後，藤本はタカと呼ばれることになるのだがこの時はなぜかフジと書かれていた）という文面で始まる手紙だ。まさに青天の霹靂だった。そこには藤本をハーバードビジネススクールの博士課程に誘う熱い言葉がしたためられていた。要約すると次のような内容のものだった。

「君の知的好奇心の高さとハードワークへのコミットメントがあればハーバードの博士課程で十分やれると思う。もちろん博士課程に進学することは企業で出世して高給を手にすることにはつながらないかもしれない（少なくともアメリカではMBAならともかく博士号を取ることはコンサルタントか学者になる場合にだけしか役に立たない。しかし学者になりたいと思うのだったらMBAを取った実業家が受け取るほどの給料は期待できないがこんなに知的におもしろいことはない）。残りの人生をどのように使いたいか考えてみてほしい。博士課程プログラムに頼んで君に出願書類を送ってもらうようにした。生産管理分野の責任者にいずれなるクラーク教授にもこの手紙と同じ内容のものを渡している。君とここで一緒に調査できるかもと思うだけで胸が躍るよ。興味があるなら是非，博士課程に応募してみてくれないか。　　　　　　　　ウィリアム　J　アバナシー」

手紙を読んで藤本は悩みに悩んだ。そこで出した藤本の結論はハーバードを受験しないというものだった。そう決めた藤本はアバナシーに対し断りの手紙を出す。博士課程への進学を考えるにしても調査のプロとして一人前になるのが先だと藤本は考えていた。

「自信がなかったから断ったのです。多分，彼の頭には次のプロジェクト
は日本の誰か若い研究者で，自動車がわかって英語も多少できる人がいな
いとダメだということだったと思うのです。それで『どうだ，来ないか』
みたいな話をしてくれたのだけれども，その頃は三菱総研に入って1，2年
でしょう。自分ではまだ一人前になる途中だという感じで少し手ごたえを
感じ始めていた時期だったから，だからこそ自信が付かないうちに行って
もと思ったのです。アバナシーからのレターは今もお宝みたいに残ってい
ます」（藤本2013）

指名がかかる調査員に

藤本は断りの手紙を出した後，後悔することになる。ほどなく自動車会社か
ら名指しで調査の依頼が来るようになったからだ。入社したての頃は提出し
た報告書を読んだ室長の松井から「これは大学のノートじゃないんだ。ちゃ
んと筋道を考えて書け」と真っ赤に訂正されて返されることもあったが，2
年のうちに調査員として成長していたのだ。クライアントから見ると藤本は
十分，一人前と評価される存在になっていた。

「ある会社（自動車メーカー）からまさに海外進出のフィジビリティス
タディみたいな大きなプロジェクトの依頼がありました。これはその部門
ではめったにないようなでかい（予算の）プロジェクトです。クライアン
トからはその代わり，指名で藤本を張り付けてくれと言われたのです。そ
れは（アバナシーの誘いを断った）後の1982〜1983年頃に来るのです。普
通，1人の研究員は4本も5本も仕事を並行して抱えるのですがクライア
ントから来たのは，『これ1本に張り付かせるなら，おまえのところに出
す』という話です。そのおかげでほぼこのプロジェクトだけをやっている
という状態になりました。要するにようやくお座敷がかかるようになって
きたということです。『そろそろ俺も一人前かな。一応声がクライアントか
らかかるようなコンサルになってきてよかったな』と思うようになりまし
た」（藤本2019）

伝説化された仕事ぶり

　そのプロジェクトで藤本の調査パートナーとなるのが藤本の入社3年後の1982年に入社した新人の武石彰だった。武石は東京大学教養学部を卒業後，三菱総研に入社すると室長が松井，隣の席が藤本だった。

　藤本と一緒に仕事する機会はすぐにやってきた。2つ目のプロジェクトとして担当したのが藤本とのプロジェクトになったのだ。ちなみに武石は次章で紹介するが，その後，MITのMBAプログラムで修士号を取得した後，同大で自動車業界でのサプライヤー管理をテーマに経営学博士号を取り藤本と同じ経営学者として世界的に活躍することになる人物だ。

　当時，武石は入社したてで仕事の仕方に戸惑っていた。

　「同期に入ったのが同じ部屋に1人，あと少し上に先輩（町野和夫のこと）がいてその人は後に北海道大学の経済学部の教授になりました。みんな大学の時は経済学研究会とかで勉強しているのです。僕は，学生時代はテニスとバンド活動に浸りきりで喫茶店にいて授業とか出ないという感じで全然，人間のタイプが違うのです。それで入社して何もできないから本当に参ったのです。いきなり比較的規模の小さいプロジェクトを『やってみないか』という感じで言われて一生懸命やるのだけれど，学生時代に勉強していないし何していいかわからないので，何をしても空回りで。会社は夏休みがあったのだけれど全然，仕事ができていないから夏休みもずっと家で仕事をしていました。もちろん会社でも残業です。残業というのは（会社にとっては）コストなので僕が残業すればするほど赤字になっていく。僕の給料は残業で増えるからいいと言えばいいのだけれど，プロジェクトは利益を出さないといけないのに赤字になっていく。本当に大変で，こういうのでは駄目だと思いながら仕事をしていました」（武石2013）

　そんな武石からすると藤本の仕事ぶりは超人的なものに映っていた。

　「藤本さんは入って3年目ぐらいなのだけれどすごい仕事ぶりでした。しかもすごく優しくて一緒にやったプロジェクトではいろいろなことを手とり足

とり教えてくれました。本当に仕事がよくできるというか，お客さんの評価もめちゃくちゃ高いのです。入って3年しか経っていないのに仕事が伝説化していました。僕は最初，三菱総研の人はみんな藤本さんのような人だと思って自分のできなさ加減に本当に落ち込みました。ただ，だんだん藤本さんが例外だということがわかってきて少し安心できるようになりました（笑）。

　藤本さんの仕事は速いだけでなく質がすごく高い。あと仕事が丁寧でした。プロジェクトについて何か書くとそれをクライアントの人とか専門家の人に読んでもらうのです。それでフィードバックをもらって直していく。仕事のやり方が丁寧で速い，そしてとにかく質が高い。

　藤本さんがハーバードに留学することになって僕が仕事を引き継ぐことになっていろいろ資料をもらいました。今でも覚えていますがプロジェクトごとにリングつきのファイルがきれいに整理されていました。インタビューや工場見学のメモとか参考になる記事とか論文とかファイルされていました。藤本さんのインタビューや工場見学のメモはすごくてよくできていました。藤本さんは記事や論文を読むと文献の余白に要点を四角で囲みながら書き込んでいくのですがそれがすごく的確なのです。そこを読めば大事なポイントがよくわかりました。今でもそうですけれどすごい先輩でした」（武石2013）

卒業後も恩師に呼び出される

　クライアントから指名がかかるようになり，コンサルタントとして社内からも一目置かれる藤本は自分でも一人前になったと自負できるようになってきていた。もう少しだけ早くこの状態になっていたらハーバードへの進学を断らず憧れのアバナシーの元で調査をしていたかも知れなかった。だが，と藤本は言う。

　「結局，そういったことがよかったか悪かったかはわかりません。結果的には，後になってクラーク教授との製品開発の仕事に時期的に当たったというのはこの時に2，3年の時差があったからだという感じもあるんです。あの時すぐにアメリカに行っていたら多分，僕は工場の生産性の話の専門

家，という方向に行っていたでしょうね」（藤本[5]）

　アバナシーに断りの手紙を書いたことを後悔していた藤本だったが完全に縁が切れたわけではなかった。ある出来事がきっかけでハーバードビジネススクールの博士課程に応募するチャンスが再び巡って来るのだ。そのきっかけを作ったのは指導教官だった土屋だった。
　藤本は大学卒業後も土屋からしばしば会食に誘われていた。

　「最初に来たのが卒業した年ではないかな。出てすぐです。土屋先生に夕方に会うとか，夜に会うとかとやっていますね。何となく呼ばれるのです。ただ飲むだけみたいな話もあるのだけれども。一対一ではなく東大の先生の同僚だったり，さりげなく誰かがいましたね。別に何の話でもないのです。
　当時は有斐閣の経営学の何とかシリーズとかいうのがあって，『アンゾフの戦略論』が僕のデビュー作なのだけれども，唐突に『アンゾフの戦略論をまとめて1章書いてくれ。夏休みを使って何とかならないか』みたいな話が土屋先生から来たりしました。こちらは真面目に書いて締め切り守ったのに，あとの人たちは学者らしいと言えば学者らしいけれど皆さん守らないじゃないですか。結局，出たのはそれから1年ぐらい経ってからではないかな。その時は有斐閣の編集の方が世話役で，山の上ホテルに集まって。そこに『サラリーマンは僕だけ』みたいな感じで呼ばれました。同じようなことは結構ありました。土屋さんがそういう感じで呼ぶわけです。土屋さんから単に『やらないか』と言って『わかりました。やります』と言ってやったわけです。
　三菱総研時代に結婚式をやったのですが，三菱総研の部長とか，取締役とか，そういう人たちが何人か主賓席に並んでいるようなところで，土屋さんが仲人の挨拶をしたのです。そこで『藤本君は三菱総研にいるような人間ではありません』とか何とか言い出すので焦りました（笑）。その頃は『何てことをいうのだ』という感じでしたが，僕に直接は言わないけれどもこいつを学者に引っ張り戻したいと思っていたのでしょうね。今から

考えればそういう形で何かシグナルを出してくれていたのですね。

　それで，1983年1月に三菱銀行国際財団がサポートしてくれた『経済・経営問題に関する研究者国際交流会議』の第1回目があった時に，かなり厳命に近い形で『来い。英語で論文を書いてこい』と言われたのです。『英語で書くのですか』と思ったのですが『そうだ。英語で書いて持ってこい』という話になって，あの頃はタイプライターで書いて，学生時代にハーバードにちょっと行ったことがあったので，その時の友達に確か10万円ぐらいを払って英語を見てもらって出しました（笑）。これは結構大変でした。昼間，仕事しながら夜中に論文を書きました。その頃は工場をたくさん見ており，いろいろ思うところがあったので，それを書いたんです。この論文を読むと基本的な発想は今とほとんど変わっていません」（藤本2013）

日米のスター研究者が参加する国際会議

　『経済・経営問題に関する研究者国際交流会議』とは2年に一度，日本で開催される主に経営学者が参加する国際会議で，資金的援助をしてくれていた三菱銀行の名前をとり略称三菱コンファレンスとその後呼ばれるようになるものだった。この1回目に藤本は招待される。1回目ということもあり会議には錚々たるメンバーが参加していた。土屋が参加したのはもちろんのこと，参加メンバーを決め参加を交渉する運営委員は当時の日本人経営学者のスタープレーヤーたちで野中郁次郎，伊丹敬之，奥村昭博，加護野忠男の4人だった。アメリカ側から参加したのが競争戦略論で名を馳せたハーバード大学のマイケル・ポーター（Michael Porter），後にノーベル経済学賞を受賞する同大のマイケル・スペンス（Michael Spence），スタンフォード大学でノーベル賞級の仕事をしていた経済学者のデビッド・クレプス（David Kreps）など超一流の研究者が参加していた。

　「日米の経営・経済学のオールスターが集まったという感じでした。アメリカからこれほどの大物たちが来てくれたのは今から考えると信じられないほど豪華で，当時『日本ではどのようなことが起こっているのか』と興

味を持ってもらえていたからではないでしょうか」(藤本2013)

　ちなみに日本側で参加した若手に一橋大学の米倉誠一郎，神戸大学の金井壽宏がいて，彼らは藤本と同じ時期に同じボストンでそれぞれハーバード（米倉）とMIT（金井）で博士課程で勉強することになる。経営学のスーパースターと知り合いになれただけでなく同年代の研究者仲間ともこの会議で出会ったのだ。

転機になる一言

　藤本にとってそうした顔ぶれとの出会い以上に重要だったのは，米国からの参加メンバーに以前，日本でアバナシーと一緒に自動車工場調査をしたキム・クラークが含まれていたことだった。

　「僕は日米自動車業界の比較を情報転写という視点から論じた報告をしました。今も鍵概念として使っているものを当時から言っていたんですね。それでコメンテーターが偶然にもクラークでした。よく『転機になる一言』ってあるでしょ。その時にクラークが僕の報告についてこの研究は重要だ（This is important）と言ってくれたのです。1人だけ○○会社勤務の大学研究者でない，年も若い，訳のわからない日本人の発表を聞いてこの仕事は重要だって言ってくれたのです。ものすごく嬉しかった。それで発表が終わってレセプションがあった時，クラークの方からやってきて『どうだ，博士課程進学をもう一度考えないか。挑戦しないか』って声をかけてくれたのです。僕はあの頃，アバナシーの大ファンで一度，断ってすごく後悔していて，当時クラークもアバナシーの大ファンで，そのクラークがもう一度，誘ってくれたのです。その後の2年間で仕事に自信も大分ついたんで『今度は本気で考えてみるよ』ということになって受験することにしました」(藤本2013)

　クラークから誘いを受け会議から戻った藤本は受験の準備を始めることに

する。ただし藤本は，三菱総研の仕事も楽しかったし，入ったからには多少偉くなってやろうという気持もあった。だからハーバードしか受けるつもりはなかった。アバナシーがいないところに行ってもおもしろくないという気持だったのだ。

　「私は学者になるのだから10か所に願書を出して，どこかに入るのだ，ではなく，ハーバードしか願書を出していない。受験の準備が大変でした。会社の方には留学制度はなかったし，ある種コンサルタントとして売れっ子になってきて，いろいろなところから声がかかるようになってきて，やっていましたから。ハーバードが駄目だったら三菱総研でやっていこうというつもりだったから，周りに受験することを言えず，普段通りに仕事をして残業もして夜に家に帰ってから，英語の単語の勉強とか，GMAT（米国経営大学院受験者の数学の基礎力を評価するテスト）の対策を立てて勉強していました。GMATは一発勝負，TOEFLも一発勝負で1回しか受けていない。ただ受験のことは人に言えないといっても，これは松井さんには言わないと駄目だと思ったので，松井さんに言ったのです。彼がまたいいことを言ってくれて『おまえ，幾つだ』というから，その時は29歳になっていたのです。『29歳になりました』と言ったのかな。そうしたら『そうか。俺がクラレを辞めて，ここに移ってきたのもちょうど29歳ぐらいだったから，人のことは言えない』と言って。『いいよ。やりなさい』という感じでした。そして1984年の初めにハーバードから合格通知をもらいました」（藤本[6]）

　実は松井は藤本が入社した時，土屋から連絡を受けている。松井から話を聞いた先述の武石は当時を思い出し話す。

　「藤本さんが三菱総研に決まった時，土屋先生から『すごいのを採ったからしっかり育てるように』と言われたそうです。その話を松井さんから何度か聞いた記憶があります」（武石2019）

松井が故人となってしまっているので今では確かめようがないが松井は藤本が研究者の道を進むようになると薄々思っていたのかもしれない。

ハーバードへの留学とアバナシーの遺志

ハーバードから合格通知が届き喜んだ藤本だったが悲しい知らせも届いてしまった。アバナシーが他界したのだ。

「僕が合格の返事をもらう前，1983年の暮れにアバナシー先生は亡くなってしまいました。本当にがっかりしちゃいました。彼と最後に会った時のことは今でも覚えています。ハーバードの彼の研究室を訪ねるとちょうどその学期の最終講義を終えた直後で，部屋で秘書とワインを開けて講義終了の祝杯を飲んでいたのです。『ちょうどいいところに来た。おまえも一緒に飲んでいけ』とか言ってくれて記念に彼と写真まで撮りました。あの時の写真は僕にとっては大切な思い出の品です」（藤本 2013）

アバナシーがいなくなったハーバードだが藤本は留学をやめようとは思わなかった。自分と同じアバナシーの大ファンで彼の遺志を継いで研究するクラークが自分に博士課程進学の声をかけてくれた。しかも取り組む研究が世界中の誰もやったことがないものだ。日本企業のデータを集めることがカギを握りそこで自分は大きく貢献できる。藤本は尊敬するアバナシーの遺志を自分も継ぐつもりでハーバードに留学することを決意する。

後からわかったことだがクラークが藤本を誘ったのはハーバードの次のプロジェクトに必要だと思ったからだった。生産性は日本が高いのはわかった。調べてみると品質もよい。さらに新製品がどんどん出てくる。これは製品開発も日本の方がよいのではないのかといったことがテーマになり始めていたのだ。

それはアバナシーの遺志でもあった。藤本の博士研究のテーマは「製品開発」と事実上決まっていたのだ。それまでの調査経験で自動車業界ならどんなテーマでも何とかなると藤本は思っていたが，アバナシーは欧米企業と比

べて日本企業の新製品開発のリードタイムが短いことに注目していた。なぜ日本企業の製品開発のリードタイムは短いのか。本当に日本企業の製品開発の生産性は高いのか，それはなぜかを解明する。それがアバナシーの遺言だったのだ。

　「当時，自動車業界を研究テーマにしようとしていたのがハーバードの他にMIT，ミシガン大，デューク大とあって，どこがどれぐらいのことを調べているのかを探り合いをしていました。製品開発もどの大学が先鞭をつけるのかといった時期だった。そこをハーバードが機先を制しにいったのです」（藤本2013）

　クラークは製品開発を対象とする調査をするということで1984年ぐらいから少しずつパイロット調査をヨーロッパで行い始めていた。ただしその1年間，藤本にはハーバードビジネススクールの博士課程1年目必須のMBAでのコースワークがあった。400の企業事例を読み，議論するというものだ。
　生活面での藤本は博士課程1年目で会社を休職してきたこともあり質素そのものだった。

　「最初は車もなく350ドル（1ドル＝100円とすれば3万5千円）のアパートにカミさんと住みました。ただハーバードに来る直前の1984年3月に担当したプロジェクトで集めたデータを基にして，そこにフレームワークを作ってフィジビリティスタディはこうやってやるのだよという本を出したのです。それを1冊5万円で売ったら200冊ほど売れたのです。その印税が100万円ほど入ってきてそれがボストンでの生活の足しになってずいぶんと助かりました」（藤本2013）

博士研究のテーマは会社の「奥の院」

　大量の事例を読み込むMBAの1年を何とかのり切った藤本は，1985年の夏にいよいよ博士研究に取りかかることになる。クラークは自動車業界の製

品開発調査をするなら日本企業抜きには考えられない。だから日本企業から
データを収集するところから始めなければいけないと考えていた。しかし日
本企業を対象に調査をするなら日本語でコミュニケーションするのが効果的
で効率的だ。先に述べたようにそれが藤本を博士課程への勧誘した理由だっ
た。だから藤本の合流を心待ちにしていたクラークは藤本が博士課程2年目
になり調査ができるようになった段階で調査を本格化させた。

　1985年夏，藤本は日本に戻り日本の自動車会社を訪問する。2年目になる
と研究員としての給与が出るので生活は楽になり（実際，日本に帰る直前の
ハーバードからの給料は就職直後の東大より多かったという），ハーバードで
の研究費も潤沢にあった一方で，肝心の最初のデータ収集は難航を極めた。

　「製品開発というのは，ある意味ではそれぞれの会社の中の『奥の院』で
　すから，『冗談じゃない，そんなデータは出せない』というのが最初の反
　応でしたね。『そんなデータは外に出したことがない，機密中の機密だぞ』
　と。例えば『開発の工数を教えてください』とか，『リードタイムを教え
　てください』なんていうのは，とんでもないことだったのですね。それで，
　夏中ぐるぐる会社を回りましたが，特にトヨタ，本田などはとりつくしま
　もない，という感じだったですね」（藤本⁽⁷⁾）

ところがあるところから光明が差し始める。日産とマツダが調査に好意的
な反応を示してくれたのだ。

　「当時，日産やマツダは比較的オープンでして，『そうか，このプロジェ
　クト，どこが入るか知らないけれども，みんなが入ってやるんだったら，
　我々は勉強になるから，それは付き合ってもいいぞ』という，我々にとっ
　ては，非常にありがたいお言葉をいただけたのです。ですから，僕らは今
　でも両社には足を向けて寝られないという感じがありますね」（藤本⁽⁸⁾）

フライング

　これで日産とマツダは押さえた。後はトヨタと本田をどうするかだ。そう考えた藤本は調査依頼での両社の反応を思い出してみた。すると両社とも表向きは調査への協力に否定的なのだが気になる会社がありそうなのだ。トヨタに行けば，「とんでもない，そんなものは付き合えない」と言いながらも「ついでに聞くけどベンツは入るのか」と聞いてくる。本田に行っても「他社との共同企画なんてうちのカルチャーにはないんだ」と言いつつも「ところでBMWは入るのかね」と気にはなっているようなのだ。実際，ベンツはベンツで「トヨタは入るのか」と言っていたし，BMWも「本田はどうするんだ」と相手の出方をうかがっているようなところがある。みんな他社のデータは見てみたいのだ。そんな感触を得た藤本は思い切った行動に出る。トヨタに行って「日産は入ってくれそうです」と言い，日産に行っては「トヨタは入っていただけそうですよ」と確信犯のフライングを試みたのだ。

　結局，この策は成功し主要な日本の自動車メーカーが参加してくれることになった。日本が参加するとなれば，欧米の自動車メーカーに調査に参加してもらうことを説得しやすくなる。調査に協力すれば日本企業の実態と自社との比較ができるようになるからだ。最終的に日本，アメリカ，ヨーロッパのほとんどの自動車メーカーから協力を得ることができ，世界の自動車生産台数の70%を占める主要自動車メーカー20社の29の新車開発プロジェクトのデータ収集に成功することになる。

恩師から学んだこと

　アバナシーの下で博士研究をする機会を逃した藤本だが幸運だったのはクラークも非常に優秀な研究者だったことだ。ただしアバナシーとクラークは優秀さという同じ言葉で表現しても中身はまったく異なるものだった。藤本は次のように説明する。

　「アバナシーは，むしろ『人と違うすごいことを考える人』なんですよ。

知的ダイナマイトなんです。そういう人として周りから尊敬されていた。他の人が考えないような発想で，どーんと基本のアイデアを出す。周りの人間は最初は，何を言っているんだかよくわからない。それを，彼の場合，ジェームズ・アッターバック（James Utterback）という彼の相棒のMIT教授がいて，彼がどっちかというと，優秀だが常識人なので，アバナシーのアイデアを学会で通りやすい形に翻訳して共著論文にする。何年か前にアッターバック先生とイタリアの学界でアバナシー先生の思い出話をした時に，彼自身がそう言っていました。多分この，アバナシー・アッターバックとやや近いスタイルで，アバナシー・クラークも本や論文を書いていた。クラーク先生という人は，アカデミックな判断力，目利き能力の卓越した人で，さらに自ら新しい概念も作れる，とてもバランスのよい人でした」（藤本[9]）

　藤本はクラークから学んだことがいくつもあるという。まずクラークは生のデータを取ってきて分析するのが非常に得意だった。ハーバードでみっちりと計量経済学の訓練を受けたクラークは明確な研究スタンスを持っていた。クラークの頭の中には「絶対に取ってこないといけない数字と，聞ける可能性があるなら聞いた方がいい数字」の明確な区別があった。データを分析する方法の1つの回帰分析を行う上でデータに欠損値があると分析に使えなくなる。絶対に必要な数字は石にかじりついてでもどんな形であってでも聞き出すまでインタビューを切り上げることはしないという姿勢を取っていた。
　研究のコツも教えてもらった。その1つが「インポータント・ディテール（細かいが実は重要なもの）を攻めろ」というものだ。例えば金型だ。2人でいろいろ調べていくうちに，プレス金型の開発プロセスの調査を詳細にやると，生産と開発とがうまく連携調整できる会社とできない会社の差が生まれる基本メカニズムがわかるとクラークが言い出した。自動車の生産技術には，プレス（金型）だけでなく，溶接，塗装，組立，機械加工などがあるが，ターゲットは金型だ，と指摘した。

　「これをクラークは『重要な細部』と言ったり，『マイクロコズム（縮図）』

と言ったりしていました」と藤本は説明する（藤本2013）。

　また，クラークは集めた新製品開発プロジェクトのデータについてサンプルの元になる各プロジェクトの内容について詳細に理解しようとした。データを単なる1つの数字として見るのではなく背後にいる組織や個人の思いや考え方，動きを理解した上で数字の解釈を行った。

　　「これはクラークが言ったことですけれども，『我々には29のデータポイントがある。そして，我々のやり方は，時間はかかるけれども，29サンプルが全部ケースになっているような研究だ。このように，データポイント一個，一個の裏に「顔」が見えなきゃ駄目だよ』と」（藤本）[10]

　データは論文や書籍として公表する場合，守秘義務の関係上，データ元の名前は非公表になる。読む人間にとってはやはり29のデータポイントでしかない。しかし「ある意味，我々はすごく無駄なことをやっているのかもしれないのだけれども，少なくとも，僕らが考えるところの『ハイクオリティーな仕事』というのはそういうものだ」との信念を藤本はクラークと共有するようになるのだ。

　クラークは言葉のセンスのある研究者でもあった。

　　「彼に僕が変なことを英語でいろいろ言うわけですよ。僕が大まじめでしゃべっているんだけど，彼から見ると，要するに日本人の変な英語なわけですよ。たいていの場合はクラークはそれを聞いて『それはナンセンスだ』，『その言い方はアメリカ人には通じない』とか，『それを言っては危ない』とか，いろいろな反応をする。つまり，僕が思いついたいろいろな概念をぶつけると，クラークが全部それをスクリーニングしてくれるんですよ。だからこっちは安心していろんなアイデアを言えるわけですね。これはすごくいい関係だったですね」（藤本）[12]

　藤本の博士論文のキーコンセプトになる「重量級プロダクト・マネージャー」の概念もこうしたやりとりから生まれることになる。

そんなやりとりを繰り返していくうちに，藤本とクラークは『ドラえもん』などのマンガで有名な漫画家藤子不二雄のような関係になっていく。藤子不二雄は1つのペンネームだが2人の漫画家が1つの作品をまるで1人の人間によるものであるかのように構想し描いていく。それと同じように，2人は同じ枠組み，同じ思考回路と行動で一体となって調査を進めるようになっていくのだ。

　「調査で話を聞きに行くと自分がこれから聞こうと思っていたり，聞き逃していたことをクラークが代わりに聞くようになるといったことが起こるようになりました」（藤本2013）

重量級プロダクト・マネージャー

　先に紹介したように，藤本の博士論文の主要発見物の1つは「重量級プロダクト・マネージャー」の存在を浮かび上がらせたことだった。高級車メーカーと量産車メーカーとに分けて開発成果との関係を分析すると，高級車メーカーの業績のよいところは機能別組織である傾向がある一方で，量産車メーカーの中で業績のよいところは重量級プロダクト・マネージャー組織である傾向があるということを明らかにしたのだ。

　車を2つのタイプに分けて分析した点は玄人受けした。

　「BMWとベンツに行った時に彼らから『ハーバード（つまりクラークと藤本）の研究はMITと違って高級車と量産車をちゃんと分けているからよい』と褒めてもらいました」（藤本）[13]

　調査を始めた頃，藤本は博士研究では開発のプロセスがわかってリードタイムと生産性の測定が正確にできればそれでよしと考えていた。しかし，データを集めていくと自分達の目の前には世界の自動車企業に関する誰も見たことのないデータが並んでいた。このデータのバラつきをどう解釈すればよいのか，この難題に対して藤本もクラークも明快な回答を与えたいと思うよ

うになっていった。

　重量級プロダクト・マネージャーの概念を誕生させるのに役立ったのは，現場調査に加えて飛行機や自動車業界に強いテクニカルライターやドキュメンタリー作家が書いた書籍や記事だった。碇義朗や前間孝則，内橋克人，柳田邦男が書いたものは資料としても一級だった。また業界専門誌，業界新聞の記事も参考にした。特に自動車雑誌の『NAVI』の記事には自動車の開発リーダーの（編集の手が加えられていない）生の言葉が掲載されていてすべての開発者に話を聞けるわけではない藤本にとって非常に貴重な資料になった。

　こうして開発の過程や組織についてのデータを丹念に整理していくとだんだん組織に関する変数を入れないとパフォーマンスの差を説明できないことがわかってきた。そこで博士論文の審査メンバーに組織論の大家で環境適応理論で有名なポール・ローレンス（Paul Lawrence）に入ってもらうことにした。前章で加護野達の行った「日米企業の経営比較」プロジェクトで質問票の長さを指摘した，あのローレンスだ。

　「コンセプトで引っ張っていくのだというやり方がある。車はそのコンセプトがよいか悪いかで決まってしまうのだ，マーケティングに任せているところは駄目なのだという見通しがざっくりあるわけです。でもそれは何なのだろうと悩みました。組織論だからと言っても，それは何なのだとか，はっきり言ってよくわからないわけです。その辺は1986〜1987年のGeneral exam（博士を取得する論文を提出し，審査してもらうだけの身分になるための試験）を受ける前に，2，3か月，他の仕事を全部なしにしてもらって，図書館にこもって100冊ぐらい本や論文を読むというのがあって，そこで考えがまとまってきました。

　当時はパソコンなんかまだあまりないですから，カードにどんどん書いていきました。もちろん当時は製品開発だけではないですから，購買も，生産管理も，生産技術も全部入ってくるから，その領域です。General examで問題を家に持ち帰って8時間で書いてこいという試験を受けるのに，最初にリーディングリストを出して，リーディングリストはこれでOKという承認を試験委員の人たちからもらった上で，とにかくそのリストに載せた文献を読

むのです。その時です。

『やはり本田，トヨタは他の自動車メーカーとは違うな』と。実際，本田，トヨタは違うのです。本田とトヨタはあれだけ違う会社なのに共通の部分がある。それは何かと言ったら，コンセプトで引っ張っていくことなのです。しかもこの2社はどう見ても日本ではパフォーマンスがよい。そうすると，明らかにここには何か因果関係があるよねという見通しが先についてくるのです」（藤本2013）

　こうした作業から生まれた概念が重量級プロダクト・マネージャーだった。ただしその後も作業が順調に進んだわけではなかった。データを分析しても最初の頃は思うような結果が出なかったのだ。組織変数を使って因子分析やクラスター分析を行い「重量級プロダクト・マネージャー度」という変数を作る。その変数と組織変数，成果変数，コントロール変数，総合商品力（品質）といった変数を入れて思いつくあらゆる組み合わせで回帰分析を行った。しかし，明確な関係が出ない。

　それでも，藤本は諦めなかった。彼には現場への取材や業界資料の読み込みで「重量級のプロダクト・マネージャーは確かにいてその人の開発成果が高い」という絶対的な信念があったからだ。最終的に藤本はヴァン・デ・ヴェンとドラジン（Van de Ven & Drazin）とヴェンカトラマン（Venkatraman）の論文を参考に，理想プロフィール指標という変数を作るという考えにたどり着いた。この合成変数を使うと組織とパフォーマンスとの明確な関係が浮かび上がってきたのだ。

　「やったー。やったぞ。やっと出た」プロダクト・マネージャーの重量と成果との間の明確な関係があることを示す出力された結果を目にして，藤本はあまりにも嬉しくてすぐに誰かに話しかけたい気分だった。しかし，周りを見回しても誰もいない。しようがなく1人だけで小さくガッツポーズをとり，自分なりの喜びと祝いの表現をするにとどめた。

博士論文審査委員会

　博士論文を書き上げるにあたって博士論文の審査委員会の教員にはそれぞれ有益なコメントをもらった。MIT出身のオスカー・ハウプトマン（Oscar Hauptman）は方法論的に厳格で，章立てから章ごとに書く内容まで細かくコメントをくれた。データ分析ではブルース・チュー（Bruce Chew）がやってよいこととやってはいけないことを注意深く教えてくれた。データ数が20を少し上回る程度だったため回帰分析を仮説の検証でなくデータの要約として使えというアドバイスをくれたのは彼だった。前述のポール・ローレンスは組織論の基礎的な概念を大事にするといった研究の基本的姿勢を教えてくれた。藤本とクラークは後にハーバードビジネスレビューに本田の開発についての論文を書き，そこでのキー概念にプロダクト・インテグリティという言葉を使った。実はこの言葉を教えてくれたのはローレンスだった。藤本とクラークは首尾一貫した製品コンセプトを持った製品を表現する意味でコンシステンシーという言葉を使っていたのだが，コンシステンシーだと単に一貫しているだけという語感しかない。マン・オブ・インテグリティという言葉が英語にあり，それは道徳的に一貫した立派な人だという意味で，インテグリティには倫理的に正しくて尊敬されるようなまとまりのよさを持つというニュアンスが含まれているから，この言葉の方がよいと教えてくれたのだ。

研究成果は書籍で

　1989年，藤本はついに博士論文を完成させる。その後，藤本は他の博士号取得者と同じように，博士研究のデータを使っていくつか論文を書き専門雑誌に投稿する。先のハーバードビジネスレビューに加えてJournal of Engineering and Technology Management や Design Management Journal, Journal of the Japanese and International Economies といった雑誌だ。そうした中，論文でなく自分達の発見を1つのまとまった本として発信しようという提案がクラークから出る。後に Product Development Performance というタイトルでハーバードビジネススクール出版から1991年に上梓され，1992年度に日

経・経済図書文化賞を受賞し，被引用回数でも日本の経営学者で2番目となる書籍だ。

　「僕は博論を書いていたし，ごく自然に1冊書こうということでまとまったのですが，どのようにしてまとまったかはよく覚えていません。その辺はクラークが『書くぞ』という話で，こちらは博論も書いたからさっさと書いてもいいのですが。『1冊書くから，おまえ，1年残れ』みたいなことになってリサーチアソシエイト（研究員）になって本を完成させました。ハーバードビジネススクール出版にプロポーザルを出して編集とやりとりしたのはクラークで彼がほぼやってくれました。グラフとかは僕が全部アップルコンピュータのソフトを使って描きました。データや分析の表はクラークが『これをやれ』と言って，クラークの設計でやるという感じです。クラークが自分でどんどんやってしまうというのもあって，その辺が全部集まって1つの本になったということです。僕にとってはごく自然で，本は完全にクラークの発案でやったものでした。後から考えると，微妙なところをねらっていたのです。つまり，アカデミックにも受け入れられて，引用してもらえるのだけれども，トレードブック（実務書）でもあるみたいな。MITのベストセラーになったThe Machine That Changed the world（日本語タイトル『リーン生産方式が世界の自動車産業を変える』）は何万冊（実際は60万部以上）も売れているでしょう。僕らの本はどうなのでしょうか。多分1万7,000冊ぐらいはいっていると思いますがいちいち勘定はしていません。MITの本ほどではありませんでしたがセミナルな（seminal：独創性に富んだ影響力のあった）仕事として評価されるものになりました」（藤本2013）

転職と予言の言葉

　本を執筆している最中，自分との意志とは関係しないところで藤本は日本での転職が決まることになる。土屋から突然，「東大に決まった」と電話があったのだ。

「今でもそうなのだけれど，東大は本人に伝えず審査するんです。打診は
あまりないのです。だから，こちらは博士号を取って本を出して帰ったら
どうしようかなと考えていました。基本的に調査をやらせてもらえたので
三菱総研にいた時はハッピーでした。それにあの頃は製品開発のコンサル
テーションは十数億円のマーケットになっていたから，そちらの方がもう
かったでしょうね。半分ぐらい三菱総研の仕事を取って，あと半分やって
いけば結構大きなビジネスになり得るな，帰ってやろうかなということを
考えていたのですが，土屋さんから電話がかかってきて，『君，決まったか
ら。いいね』とか言って，がちゃんと電話が切れました。そうなってしま
ったら仕方がないでしょう。先生から『いいね』と言われたら，考える余
地はありません（笑）」（藤本2013）

　藤本は観念して東大に転職することにする。本を書き上げ日本に戻る時が
来て，クラークのところに挨拶に行くと意味深なことを言われた。

　「確か研究室で『では，僕は帰るのでお世話になりました』と言った時に，
彼は『おまえは世界的な自動車業界の研究者，第一人者になるだろう』と
予言めいたことを言いました。『えっ，クラークあなたはどうなの？』と
思いましたが彼は自動車のような製品設計のすり合わせが重要な業界だけ
でなくコンピュータのようなモジュールで開発できる業界も見ていたので，
これからはモジュール型の業界を自分は手掛けていくと思っていたのかも
しれません」（藤本2013）

　博士研究で取り組んだ研究テーマの「第一人者になるだろう」という言葉
は，クラークが一人前の研究者の旅立ちに対して送った祝いと最大の賛辞の
言葉だった。

〈注〉
（1）　本章は特に断りがない限り，以下のインタビューをデータ源として記述している。
　　　藤本隆宏　2013年6月25日（本文では（藤本2013）），2019年11月7日（本文では

（藤本（2019））。

武石彰　2013年5月10日（本文では（武石2013）），2019年9月10日（本文では（武石2019））。

(2)　藤本（2003）「知的活動に関するケース・スタディー『Product Development Performance』ができるまで」5ページ。

(3)　Matthias Holweg（2007）424ページ。

(4)　藤本（2003）12ページ。

(5)　藤本（2003）14ページ。

(6)　藤本（2003）15ページ。

(7)　藤本（2003）16ページ

(8)　藤本（2003）16-17ページ。

(9)　藤本（2003）29ページ。

(10)　藤本（2003）23-24ページ。

(11)　藤本（2003）24ページ。

(12)　藤本（2003）29ページ。

(13)　藤本（2005）128ページ。

〈参考文献〉

藤本隆宏（2003）「知的活動に関するケース・スタディー『Product Development Performance』ができるまで」法政大学産業情報センター　Working Paper Series 10/20/2003。

藤本隆宏（2005）「Product Development Performanceができるまで」藤本隆宏・高橋伸夫・新宅純二郎・阿部誠・粕谷誠共著『リサーチ・マインド　経営学研究法』2章，有斐閣。

Van De Ven Andrew H., and R. Drazin（1985）"The Concept of Fit In Contingency Theory." *Research in Organizational Behavior* 7 : 333-365.

Clark Km. B and Takahiro Fujimoto（1991）*Product Development Performance.* Harvard Business School Press.

Matthias Holweg（2007）"The Genealogy of Lean Production." *Journal of Operation Management* Vol.25, Issue 2.March 420-437.

Venkatraman. N.（1987）" The Concept of Fit in Strategy Research: Towards Verbal and Statistical Correspondence." *Academy of Management Best Paper Proceedings.*

第**4**章

産学共同の国際研究プログラム を作り世界規模の研究を行う

日本の自動車業界を知る研究者[(1)]

　前章で述べたように，ハーバードビジネススクールの博士課程進学へのア バナシーからの誘いを断り後悔した藤本隆宏，はクラークからの再度の勧誘 を受け同プログラムへの入学を果たした。アバナシーからの手紙が届いたの は1981年12月，藤本が合格通知を受け取ったのは1984年の初めで藤本がア バナシーに出会った頃から数えれば足かけ3年の月日が経っていた。実はこ の3年の時間差が藤本自身を含む何人かの人生に影響を与えることになる。

　藤本がもし1981年に留学を決めていたら憧れのアバナシーとの共同研究が 実現しただろう。しかしその一方で博士研究のテーマは製品開発でなく生産 管理になり，研究者としては生産管理を専門とする研究者の道を進んでいた かもしれない。入学年度がずれたことで共同研究者はアバナシーからクラー クになり研究テーマは生産管理から製品開発となった。

　藤本のハーバードビジネススクールへの留学のタイミングによって研究者 としてのキャリアが影響された1人の人物がいる。MITの戦略論の教授，マ イケル・クスマノ（Michael Cusumano）だ。

　癌で闘病しながらも研究を続けていたアバナシーは自動車メーカーの製品 開発を次の研究テーマと決めていた。藤本を博士課程に迎えることができな かったアバナシーは日本企業の製品開発を調査するために，日本語がわかり 自動車業界研究に興味を持つ人材を探していた。幸いアバナシーは適任者を 見つけることができた。彼が白羽の矢を立てたのは学部は違えど同じハーバ

■写真7　マイケル・クスマノ

ードで自動車業界をテーマに博士号を取ろうとしつつあった人物で，それがクスマノだった。

　クスマノは1954年生まれで，1976年にプリンストン大学で学士号を取得後，1984年5月にハーバード大学の日本史と東アジア言語プログラムで博士号を取得しようとしていた。研究は日本の自動車メーカー，日産とトヨタの技術とマネジメントについて分析したもので両社の関係者にインタビューを行いながら博士論文を完成させつつあった。指導教員はハーバード大学歴史学部のアルバート・クレイグ（Albert Craig）で，調査は日本で行い，1980年から1982年にかけてフルブライト留学プログラムで来日し東京大学経済学部に滞在したこともあった。自動車業界に対する深い知識も調査経験もあり日本語を理解できるクスマノはアバナシーにとって格好の研究助手だった。

　アバナシーは日本企業の製品開発を調査するためポストドクトラルフェローとしてクスマノを雇った。しかし残念ながらアバナシーの計画は実現しなかった。1983年末，アバナシーは他界してしまうのだ。

　アバナシーが亡くなって，クスマノに研究の自由度が生まれた。クスマノは「生産と業務管理」分野のポストドクトラルフェローとして雇われていた。制度的に同分野でクスマノの予算と紐付いている研究リーダーはキム・クラークとリチャード・ローゼンブルーム（Richard Rosenbloom），そしてジャイ・ジャイクマ（Jai Jaikumar）だった。後者2人は自動車業界以外を研究対象にしていた。自動車業界を研究することはアバナシーとの約束でしかなく，アバナシー亡き後，自動車業界を研究する拘束力は弱まっていた。そこにクスマノは自動車業界以外を対象とする共同研究を行う機会を感じ取った。

　他方，共同研究者のアバナシーを亡くしたクラークはアバナシーの立場を

引き継ぎ自動車業界の製品開発の調査を行おうと考えていた。クラークはクスマノに予定通り自動車企業の製品開発を一緒に研究しようと説得を試みた。しかし，クスマノの中では葛藤があった。自動車業界への興味が薄れていたからだ。

　その時，クスマノに幸運が訪れた。藤本が博士課程に入ってくることが決まったのだ。藤本が来れば日本の自動車メーカーの製品開発調査は予定通り行うことができる。クスマノが自動車プロジェクトに残る必要性はなくなるのだ。

　クスマノはローゼンブルームと家庭用ビデオレコーダー業界の技術戦略を研究してみたいとクラークに相談してみた。するとクラークから「藤本も来るし，いいだろう」とあっさりと許可が出た。家庭用ビデオレコーダーはハードウェアとソフトウェアが組み合わさり性能を発揮する製品だ。この研究対象の変更がきっかけでクスマノはその後，ソフトウェア業界へと研究対象をシフトさせていくことになる。

　クスマノは博士論文の内容を洗練させ，1985年に『日本の自動車産業：日産とトヨタの技術とマネジメント（The Japanese Automobile Industry: Technology and Management at Nissan and Toyota)』というタイトルの本をハーバード大学出版から出版した。ハーバードビジネススクールでポスドクをしながら博士論文を基に書き上げたものだ。博士研究を洗練させるにあたってクラークの下で働いたことはプラスになった。生産性や投資の適切な測定の仕方についてクラークからアドバイスをもらい，数量分析を使った研究論文を書くのに最低限必要な計量経済学を学ぶことができたのだ。

　日本の自動車業界に関して書かれたクスマノの本に大きな興味を示した人物がいた。前章で紹介したIMVPの初代責任者のダニエル・ルース（Daniel Roos）だ。ルースはMITで土木・環境工学の学士号，修士号，博士号を取得した生え抜き教授でプログラム全体の責任者だった。IMVPは前章で少しだけ触れたが本章で非常に重要なプログラムなので，長くなるがここで詳しく説明しておこう。

IMVP

　ルースによれば同プログラムは予算が確保され調査が開始されたという意味で『自動車の将来プロジェクト』（以下，「将来プロジェクト」）の後継プロジェクトとして1985年に始まった。IMVPの前身の「将来プロジェクト」はMITの交通運輸研究センターと国際研究センターが中心となり1979年から1984年までの5年間，アメリカをはじめ日本，イタリア，西ドイツ，フランス，イギリス，スウェーデンの計7か国の機関及び個人が参加した大型プロジェクトだった。ルースは交通研究センターの所長に就任しており多くの大学院研究科から研究者が参加する学際的プログラムを立ち上げたいと思い，MITの同僚のアラン・アルトシュラー（Alan Altschuler）に相談する。アルトシュラーは当時，政治学大学院のトップでルースの考えに賛同し，ルースとプロジェクトの共同責任者（Co-Director）になることを快諾した。ルースとアルトシュラーは1年をかけてヨーロッパと日本に出向き国際チームを編成し各国ごとにチームリーダを選んだ。研究資金はそれぞれのチームが自分達で調達し，やりくりする。調査が行われ，第1回目の政策フォーラムが開かれたのは1980年だった。

　「将来プロジェクト」の後継プログラムのIMVPは思いがけないいくつかの幸運な出来事があって始まった。「将来プロジェクト」の最後を飾る意味で一般向けに研究結果を披露するコンファレンスが1984年，MITのクレスゲホールで開かれた。当時，伊藤忠商事アメリカの副社長だったJ・W・チャイ（J・W・Chai）がその中の1つのパネルディスカッションに登壇した。チャイはいすゞ自動車とGMとの資本提携，トヨタとGMとの技術提携に深くかかわったことで知られる人物だ。チャイの妻は著名な自動車産業アナリストのマリアン・ケラー（Maryann Keller）で「将来プロジェクト」に産業界から参加したメンバーだった。夫妻はルースに「今度，ニューヨークに来た時は，夕食を一緒に食べましょう」と食事に招待し，チャイ夫婦とルースの夕食はおよそ6か月後のある日，実現した。

　その時の様子をルースは次のように語る。

「夕食に招待されたことを重大なことだと思っていませんでした。夕食が始まるとチャイさんが私に『将来プロジェクト』をフォローアップするプログラムをやらないのかと質問してきました。私はすばらしいことだと思うけれど，これまでとは違う資金を集める仕組みが必要だと答えました。『将来プロジェクト』では各チームが自力で研究資金を調達したので，国際チームを編成したのに各チームがそれぞれ自分達がしたい研究をしてしまい国際比較研究になりませんでした。『統一的枠組みで国際比較をするフォローアッププログラムをうまく機能させる唯一の方法は，MITがすべての資金を調達し研究アジェンダをコントロールすることです』と話しました。チャイさんは『そのためにはいくら必要ですか』と聞いてきました。私は『アメリカ，ヨーロッパ，日本からそれぞれ100万ドル（日本円で約1億円），トータルで300万ドル（日本円でおよそ3億円）あれば始められます』と答えました。チャイさんは『えっ，日本から100万ドル？　それなら僕が集めよう。もし集められなかったら僕のポケットマネーから出すよ。ほら，これで今から始められるね』と言ったのです。その日の夕食がなければIMVPが実現できたかどうか今でもわかりません」（ルース2020年4月21日メール）

　ルースはちょうど「技術，政策及び産業開発」に関する新しくできたセンターの所長に就任したところでIMVPを立ち上げるにはうってつけの地位にあった。
　もちろんすべて順調にいったわけではなかった。特にヨーロッパからの資金調達は困難を極め，ドイツの自動車メーカーが（情報を独占するため）プログラムで唯一のヨーロッパ企業になることを望んだ。ルースたちがその申し出を拒否した時，そのドイツメーカーがIMVPをつぶそうとしたのだが，幸いイタリアのFIATがルースたちを応援してくれて他のヨーロッパ企業が参加するプログラムとしてスタートすることが可能になった。この「自動車の将来」に関する国際研究プロジェクトの第2弾がIMVPで1985年にMITを研究拠点とする5年で5億円の研究プロジェクトとして発足された。
　ちなみにこのIMVPの成果は，前章で紹介した通り，ウォマック，ジョー

ンズ，ルースの著者名で"The Machine That Changed the world"（『リーン生産方式が，世界の自動車産業をこう変える』経済界，以下「リーン生産方式」）というタイトルで1990年に上梓された。ルース以外の著者について説明すると，ダニエル・ジョーンズ（Daniel Jones）は英国カーディフビジネススクールの教授で欧州調査を担当した。ジョーンズは「将来プロジェクト」が始まった1979年にMITでルースに会い，同プロジェクトの英国チームのリーダーになった後，「将来プロジェクト」からIMVPに移行した時にヨーロッパの責任者になった。またジェームズ・ウォマック（James Womack）は1983年に「将来プロジェクト」の共同責任者だったアラン・アルトシュラーの下で米国・ドイツ・日本の産業政策をテーマに博士論文を提出し，同年「将来プロジェクト」の調査責任者（Research Director）となった人物だ。[3]ウォマックはIMVPの調査の実質上のまとめ役であり責任者だった。

　日本語タイトルにある「リーン生産方式」とは，一言で言えばトヨタ生産方式の本質をより一般性の高い概念として表現したものだ。生産プロセスの在庫を削減するのと同時に生産される製品に問題が生じた場合にプロセスの最後まで積み残さず途中段階で解決し，円滑なプロセスを実現する生産のやり方のことを意味する。1980年代世界の自動車業界で最も優れた生産方式だと言われたトヨタ生産方式の卓越性の秘密を国際的に現場調査を重ね「リーン生産方式」という概念を使い解明した本書は11か国の言語に翻訳され60万部の販売を記録する世界的ベストセラーとなった。

MITのビジネススクールの教員に

　話を元に戻そう。日本の自動車業界に詳しいクスマノに目をつけたルースはIMVPに彼が必要だと思った。そこでルースは工学研究科に働きかけ，クスマノに1985年から1986年の2年間，講師及び研究員として働くオファーを出した。しかしクスマノは躊躇した。それはすでにシカゴ大学のビジネススクールからオペレーションズ・マネジメントの助教授としてオファーをもらっていたからだ。クスマノは終身雇用権を獲得できるテニュアトラックでの職をビジネススクールで手にしたいと考えていた。その話を聞いたルース

はクスマノをMITに招くために1986年の年明けにMITのビジネススクールでジョブトーク（就職者候補として教員の前でするプレゼンテーション）ができるよう尽力する。クスマノはその機会を活かしMITのビジネススクール（スローンスクール）に戦略論の教員として職を得ることに成功する。

　クスマノがMITの教員となったのは非常に重要な転換点だった。クスマノはIMVPで自動車業界研究にかかわることで研究予算を確保できた一方で，自動車業界を自分にとって最重要の研究対象として研究を続ける意志を持っていなかった。そこに自動車業界を博士研究のテーマとする日本人を受け入れる空間が生まれ，クスマノはそれを積極的に活用することになる。自動車業界を調査するとなるとやはり日本語がわかり「自動車業界」のことがわかる人材が貴重だったからだ。本章で紹介するようにクスマノはMITでIMVPを通じ3人の日本人経営学者を育てることに成功し，そのうちの1人は日本人経営学者として被引用回数に入る論文を発表することになる。

被引用回数3位の研究者

　IMVPは日本で活躍する日本人の若手経営学者の孵化機としての役割を果

たす。初期のIMVPの参加者で最も被引用回数の多い研究を発信することになるのが，マツダからMITのMBAプログラムに留学した延岡健太郎（現大阪大学教授）だ。

　延岡は1959年，広島県生まれ。無類の自動車好きで大阪大学工学部時代自動車部に所属するほどで，学部卒業後の就職先はもちろん自動車メーカーを希望し，1981年，故郷の広島のマツダに就職する。

■写真8　延岡健太郎

「理系なので先生が推薦すると就職先はほぼ100％そこに決まるみたいな感じでした。トヨタ，本田，マツダを考えましたがマツダが自分に合っている感じがして決めました」(延岡2013)

「走り屋のエンジニアになりたいと思って」(延岡2013) 就職したが，いきなり配属されたのが商品企画だった。

「新入社員教育が3か月ぐらいあって，社員教育の担当者が商品企画に向いた人が必要なので常にそういう人を探していたらしいです。そこで思ったままをストレートに言っていたら希望は技術者だったのに商品企画に回されてしまったのです」(延岡2013)

延岡は商品企画の1年目にRX-7を企画した。商品コンセプトが決まったらヨーロッパやアメリカにそれを説明しに行かなくてはいけない。当時マツダには入社後3年間は海外出張はできないというルールがあった。そこを延岡の上司が「もうそんなことを言っている時代ではない。1年目でもコンセプトを作った人に行ってもらわなければいけない」と交渉してくれ，1年目から海外に出張し発表することになる。

「RX-7の企画がすんで2年目にはルーチェという車を担当し，ヨーロッパ，アメリカ，サウジアラビアに行きました。会社に入るまでは英語を一言も話したことがなく英語を自由に操っているように見える海外営業担当者がとても格好よく見えました」(延岡2013)

また当時は海外のビジネススクールでMBAを取ることがブームになっていた。ビジネス誌ではアメリカでMBAを取得し給料を上げて活躍する社会人が増えているという記事が紹介されていた。

その頃，日本でも海外留学制度をつくりアメリカの一流ビジネススクールのMBAプログラムに社員を送る企業が出始めていた。マツダも延岡が応募を考える数年前から海外留学制度ができ，MBAに挑戦する人が出始めよう

としていた。

海外出張し英語で発表する機会を重ねる延岡も英語を本格的に勉強するようになりMBAを取得したいと考えるようになっていった。その後，社内留学制度に合格した延岡はアメリカのビジネススクールを受験する。商品企画を担当している延岡はマーケティングを専門的に勉強したいと考え，マーケティングで著名な研究者フィリップ・コトラーのいるノースウェスタン大学やペンシルバニア大学などに願書を出し合格通知を手にした。しかし最終的には「理系出身だったし，アメリカでは（ノースウェスタンやペンシルバニアより）MITの方がいいだろうと周囲が言うこともあって」（延岡2013）MITに留学することにする。入社5年目，1986年のことだ。

自動車3人組

「MITに行ったらたまたま2つの偶然があって」と延岡は言う（延岡2013）。

> 「1つはIMVPが始まった時期だったことで，もう1つがクスマノの就職と同じ年だったことです」（延岡2013）

延岡のMBAコースの同学年には200名中5人，自動車会社で働いた経験のある学生がいた。日本の自動車企業からの派遣は延岡だけで，GMの社員派遣制度を使って来ている学生が2名いた。延岡が親しくなったのはGMの社員でない2人の方だった。この自動車3人組がIMVPに参加し顕著な貢献をすることになる。

延岡が親しくなった2人のうちの1人，アントニー・シェリフ（Antony Sheriff）は1963年生まれ，陽気なイタリア系アメリカ人でレーシングカーを自分で造ったり運転したりするほどのカーマニアだった。「それに加えて非常に頭がよく，リーダーシップをいつも取るようなマネジメント能力もすばらしい人間」とマツダに提出する海外研修報告書で延岡は紹介している。シェリフの親はニューヨークの5番街に住み別荘を3つ持つ大金持ちで，シェリフ自身は東部の名門カレッジを卒業した後，イタリアのビニンフェリーナで

デザイナーとして働いたりサーブ（スウェーデン）で働き，MITに来る前は
クライスラーで製品プランナーを務めていた。

　「シェリフは育ちのよい金持ちであることが雰囲気に出ていてとにかく華
がありましたね。親がヨーロッパ系の生まれだということもあってシェリ
フ自身も若い頃に多分，ヨーロッパに住んだことがありフランスやイタリ
アのデザインセンスを持ち合わせている感じがしました。クライスラーに
就職後すぐに製品プランナーを任されたのもそうした自動車に関する知識
とデザインセンスが評価されたからではないでしょうか」（延岡2020）

　MBAプログラム修了後，シェリフはマッキンゼーを経てフィアットのす
べての商業車の製品開発を担当する役員に就任し，マクラーレンに転職後は
ロードカー事業の責任者として活躍することになる。
　延岡の親友となったもう1人の名前はジョン・クラフチック（John Krafcik）
だ。1961年生まれ，スタンフォード大学で機械工学の学士号を取得後，トヨ
タとGMがカリフォルニア州に作った合弁工場NUMMI（New United Motor
Manufacturing Inc.）でアメリカ人初の品質と生産担当の技術者として，MIT
のMBAプログラム入学まで2年間働いていた。彼が先述のリーン生産方式
の名付け親だ。

　「クラフチックはNUMMIでトヨタ生産方式がとにかく好きになったのだ
と思います。彼の場合，カーマニアというよりもエンジニアとして車に詳
しいと言った方がよいかもしれません」（延岡2020）

　クラフチックはMBA取得後は，フォードに転職し，ヒュンダイアメリカ
のCEOも務めることになる。
　3人の車好きはお互い磁石のように惹かれ合い親しく話をするようになる
のに時間はかからなかった。3人とも修士論文の指導教員にクスマノを選
び，86年の春学期にクスマノが担当した日本企業の技術管理をテーマにした
Special Seminar in Management: Japanese Technology Managementを履修

していた。履修者が30名ほどの小規模だったこともあり自然と3人が話す機会は多くなっていった。

リーン生産方式

「あの本（『リーン生産方式』）は何と言ってもクラフチックに尽きるでしょう」と延岡は言う（延岡2013）。

> 「クラフチックはすごかったです。授業ではいつも毅然としていてアメリカ人にもかかわらずほとんど発言しなかったけれど，MBAの授業を受けている間に世界20か国90の工場を調査したのですから。IMVPの調査をしつつ1年半で単位も全部取って修士論文も書き上げ，しかも成績がトップだったのだから驚きです。MBAの学生が周りで授業が大変だと言っている中，『スタンフォードの工学部の方が3倍は大変だった。これぐらい片手間でできるよ』と言っていました」（延岡2013）

1986年5月，クラフチックはMBAプログラム入学前，入学すれば，どんな調査機会ができるかを議論するためウォマックをMITに訪ねた。クラフチックは，アメリカ人として最初のNUMMIで雇われた技術者だったのでウォマックは世界初の本当の意味でのグローバルな産業ベンチマーク調査に参加しないかと勧誘した。プログラムをおもしろいと思ったクラフチックは同年夏までに正式にウォマックと組立工場調査を開始することにする。クラフチックが最初に調査した工場はマサチューセッツ州にあるGMのフレミン

■写真9　左からクラフチックと延岡

ガム（Framingham）工場だった[4]。

　「クラフチックが自動車好きでウォマックがクラフチックを発掘して彼の才能を認めた。その上でIMVPの予算をつけて世界中の工場を回って調査させたのだと思います。クラフチックのモチベーションはトヨタ生産方式をもっと世界に広めたいということで，トヨタ生産方式がどれだけ優れているかを示すデータを集めたいと思ったのだと思います。後に本として出版して有名になるリーンという呼び方も，トヨタの在庫や仕掛品を持たないプル生産に名前をつけたという感じです。クラフチックがリーンという言葉を思いついた瞬間を今でもよく覚えています。Royal Eastという中華料理店でクラフチックとシェリフと僕と3人で食事をしていた時，クラフチックが『名前を考えたんだ。リーン生産方式というのにしようと思うのだけれども』と言ったのです。その時ちょうど太りそうなものを食べていたので，確かに（本来は）贅肉のない身体がいいよねという話になって盛り上がりました。クラフチックの調査はMBAプログラムの授業が始まる前の1986年夏から始めて次の年には調査結果が出て，IMVPのグローバルコンファレンスで彼が発表してすごく評判になりました」（延岡2013）

　IMVPの調査の実質上の責任者のウォマックは自動車業界の経験や知識を持つ人材を探していた。そのウォマックにとって自動車3人組は貴重な情報源であり研究員となった。

製品開発の研究をハーバードプロジェクトで補強

　IMVPは工場調査で世界を驚かせるデータを発表したが製品開発のパートが弱かった。シェリフと延岡がデータを集め，分析し議論を深めていたが世界から耳目を集めるほどの成果には結び付いていなかった。そこでウォマックはハーバードの博士課程に在籍していた，前章で取り上げた藤本隆宏の博士研究のデータをプログラムの成果「リーン生産方式」の製品開発の章に取り入れることを考えた。

126

ウォマックが製品開発の章で藤本の博士研究を取り上げたことはハーバードの自動車プロジェクトからするとおもしろいことではなかった。ハーバードビジネススクールはMITのIMVPに対して距離をおいていた。MITはアバナシーにもクラークにもプロジェクトへの参加を呼びかけていたが共同調査という形には発展しなかった。

「MITは当然，アバナシーさんに声をかけるわけですね。僕が覚えているのはある日，クラークがMITに呼ばれて帰ってきた時に『我々は一緒にやらない』と確か言っていました。『どうもああいうでかいプロジェクトは嫌いなのだよね。俺は』とアバナシーさんが言ったとクラークから聞きました」（藤本2019）

しかし，藤本自身は三菱総研時代からIMVPの前身の「自動車の将来」プロジェクト時代からメンバーとして参加し，IMVPの正式の立ち上げの場にも参加していた。藤本はIMVPにかかわっていたのでオフィスがあるMITのE40という建物によく顔を出していて，オフィスにはウォマックの元にシェリフとクラフチックが出入りしていた。

藤本は特にシェリフと仲よくなった。2人は偶然，すぐそばに住んでいたのだ。藤本の家の道を挟んだほとんど反対側にシェリフの家があった。アパートのワンフロアを借り切っていて藤本が行ってみて呆れてしまったのはシェリフの家の3部屋ほどある部屋の床に世界中から集めたありとあらゆる自動車雑誌が平積みされていたのだ。

「自動車の雑誌の中で暮らしているみたいな感じでした。自動車狂ですね」（藤本2019）

シェリフの家にある雑誌の中におもしろそうなものがあるので藤本は時間がある時は遊びに行くようになった。そのうち2人はお互いのデータを突き合わせて分析をするようになっていく。

「『生産のうまい企業は開発もうまいという傾向が明らかにあるよね』ということになって一緒にワーキングペーパーを書きました」（藤本 2019）

　気がつくと藤本はIMVPに取り込まれてしまっていた。博士論文のドラフトを執筆中，ウォマックと話をしていて博士論文が話題になった。ウォマックが「それ見せてよ」というので軽い気持ちで「これだよ」と藤本は見せてしまう。中身を見てIMVPの手薄だった製品開発の章を補えると思ったウォマックは結局，藤本の博士論文のデータを大々的に本の中で紹介する。

「もちろんこっちが見せているわけだし引用の作法も守っているので手続き上何ら問題はない。問題はないわけだけど本を読んでみるとあたかもIMVPでやったみたいな話になってしまっているのです。一応，藤本がハーバードで書いた博士論文に載っているという話ではあるので，それでいいのかもしれない。僕は本意でないしクラークは何も言わないけれどハーバードからすると『ちょっと何だよ』という話だったかもしれません」（藤本 2019）

MITの博士課程へ

　話を「リーン生産方式」後に進めよう。延岡は「リーン生産方式」の製品開発の章でIMVPのメンバーとして重要な貢献をしたがMBA取得後，博士課程に進学することは考えていなかった。MBAプログラムを終えた延岡はマツダのカリフォルニアのオフィスへの配属が予定されていた。しかし，その話は流れた。延岡の配属先を知った役員の達富康夫から「MBAを取ったなら日本に帰ってくるのが当たり前だろう」という発言があったということで延岡は日本に戻ることになるのだ。ただし延岡が日本に戻ってみるとマツダは5チャンネル戦略と呼ぶ製品開発と紐づいた国内販売網の営業政策を展開しようとするタイミングだった。

　日本はバブル経済絶頂期でマツダは5チャンネル体制と呼ぶ国内販売網を展開することを決め実行段階に入っていた。5チャンネル体制とはトヨタが

国内販売でトヨタ店，トヨペット店，カローラ店，オート店，ビスタ店と車種ごとに5つのタイプの販売チャネルを展開していたのに倣ったものだ。マツダ店，アンフィニ店，ユーノス店，オートザム店，オートラマ店と複数の販売網を整備しチャネルごとに販売する製品を変え製品ラインナップを充実させる方向に舵を切ったのだ。上司の新見光弘からは「戦略はもう決まったからごちゃごちゃ言うな」と言われ，MBAで学んだことを活かそうと思っていた延岡だったが，それも叶わない状況になっていた。

　延岡はマツダに自分の活躍の場が今はないと感じ，これからどうするかを考えた。当時，MBAプログラムに企業派遣で行きながら修士を取ったらインベストメント・バンクに高給を求めて転職するというパターンが日本企業の企業派遣者によく見られていた。そのパターンにだけは絶対なりたくないと延岡は思った。マツダを辞める一番よい言い訳は何か。

　「勉強を続けるために休職してMITの博士課程に進学する」，それが延岡が出した答えだった。MITで修士論文を書いている途中，クスマノから博士課程に残らないかと何度か誘いを受けたことも博士課程進学を考えた1つの理由だった。延岡は達富に「博士課程で勉強するため休職したいです」と申し出た。答えは予想通り「否」だった。

　「絶対にダメだ。企業の金でMBAを取らせてもらって戻ってきてすぐにもう一度，仕事を休んで留学したいなんて社会的に許されると思っているのか。休職願にわしは絶対はんこを押さない」達富は断固拒否といった態度を見せた。その状況を救ったのが新見だった。「わしがはんこを押す。押してやるからおまえは博士課程へ行け」と言ってくれたのだ。

　休職とは言ったが延岡はマツダに戻るつもりはなかった。博士を取った後，何を生業とするかを決めていたわけではなかったが，MITに戻り自動車業界を研究することに胸が躍った。1989年の夏のことだった。この年，延岡はマツダに休職届を提出した。

　MITの博士課程に出願することをクスマノに連絡すると喜んだ。IMVPから研究予算をもらっていたクスマノは自動車業界を研究する博士課程の学生を必要としていたのだ。自分はソフトウェア業界の研究をしたいが自動車業界の研究も継続しておきたい。MITからテニュア（終身雇用資格）を獲得す

るには研究業績が必要で（実はクスマノは1993年にテニュアを取得する），そのためにはこれまでの土地勘のある自動車業界を対象に博士課程の学生と共同で研究し論文を生産していくのが最も効率的だったのだ。

実はクスマノはクラフチックにもシェリフにも博士課程に進学しないかと声をかけていた。しかし2人とも大学の研究者になることにまったく興味を示さなかった。特にクラフチックは「リーン生産方式」という新しい専門用語も生み出し学会と実務両方が注目する調査結果を出した優秀な学生だったのでクスマノは強く博士課程に進むことを勧めていた。

クラフチックのことを延岡は次のように語る。

「修士でさらさらと書いたものが世界で評判になり本でもベストセラーになるような状態だったので，当然みんなは学者になれと言ったのだけれど，クラフチック本人はPh.D.を取るまでの3年間，（生活費ぐらいは奨学金などで賄えるはずですが）あまり裕福な生活ができないし（学者になんてなりたくないので），教授への道を選ばないならPh.D.を取ることに特別大きな意味はないので気が進まないと言ってフォードに入りました。フォードに入って1か月ほどして会った時も『修士の2年間で勉強したことよりも，フォードにいたこの1か月の方が何倍も学ぶことが多かった』と言っていました」（延岡2013）

車好き3人組全員に博士課程進学を断られたと思っていたところに延岡が戻ってきてくれた。クスマノはとても喜んだ。博士課程に入学した延岡の場合，IMVPの支援があるので授業料は免除になり，研究費も給料も出た。その代り延岡は修士課程以上にIMVPの活動に深く関与し，日本の企業や自動車業界関連組織から見たIMVPの顔として活動することが求められるようになった。

博士研究第一弾

　博士研究から延岡は3本の論文を書いた。1本目は博士研究に本格的に取り組む前に書かれた文献展望だ。ある日，延岡はクスマノのところに博士論文のアイデアを話しに行った。話を聞いたクスマノからの提案は「博士研究の調査を具体的に進める前に文献展望をしろ」というものだった。クスマノの提案に従い延岡は自動車業界の製品開発を対象とする実証研究を整理した。既存の製品開発研究を製品戦略，組織，開発成果の3点から批判的に検討したものだった。ドラフトを持っていくとクスマノは「この内容なら専門雑誌に掲載してもらえるレベルだ，投稿しよう」と言って褒めてくれた。英語を書き直して投稿した論文は技術経営分野の定評ある専門雑誌Research Policyに1992年に掲載されることになる。

　このResearch Policyへの論文掲載には裏話がある。実はこの論文の査読者の1人がハーバードビジネススクールのキム・クラークだったのだ。クスマノにとってはかつての研究上の恩師が査読者にあたったというわけだ。クスマノはクラークから直接，次のような返答のしようのない質問をされたと後日，延岡に話したという。それは「この論文は文献展望の論文でクラーク・藤本の研究をたくさん引用しているけれど，我々の論文がResearch Policyにリジェクト（不採択）されていることを君は知っているのか。そのリジェクトされた研究内容を中心に据えた文献展望がResearch Policyに掲載されるのはよいと思うか」というものだった。

　実はクラークは藤本の博士課程時代に2人で自動車企業の金型開発を詳細に分析した論文をResearch Policyに投稿しリジェクトされた過去があった。査読者は金型開発が自動車企業の製品開発の特徴を縮図的に表現する活動であることを十分読み取れず不採択と判断したようだった。クラークは論文が自信作だったため査読結果にどうにも納得できなかった。

　どれほどクラークが不採択をくやしく思っていたかがわかるエピソードがある。ある日，クラークがぶぜんとした表情で博士課程の学生だった藤本がいる研究室に入ってきた。藤本が「どうしたのか」と聞くとMITでアバナシーの共同研究者だったジェームズ・アッターバックと会ってきたのだという。

そこでの会話の中で何も知らないアッターバックはクラークに藤本と行っている調査は非常におもしろいので自分が編集者をしているResearch Policyに投稿してみてはと悪気なく勧誘してきたのだ。その言葉にクラークは頭にきてしまった。「ありえない。Research Policyは我々の研究を不採択にしたのですよ」と言って早々に帰ってきてしまったという。「『大人気ないことをしてしまったよ』とクラークは反省していました」と藤本は当時のことを思い出す（藤本2013）。クスマノに投稿した論文について返答不能な疑問を投げかけたのもクラークの中に自分達の製品開発研究がResearch Policyに正当に評価されなかったことへの不満が消えずに残っていたからだったのだろう。

リーン製品開発とマルチプロジェクト戦略

　MITに就職してからのクスマノは自動車業界を対象とする研究については自分がテーマを率先して決め，研究を進めるというより博士課程の学生が主導する研究を後方支援的に指導することを通じ研究するスタンスを取っていた。そのため，ハーバードビジネススクール時代の藤本とは違い，延岡は博士研究のテーマ設定から調査設計，実行まで自分で考えて行う必要があった。

　先に述べた通りIMVPから出版された「リーン生産方式」の製品開発の章は藤本の博士研究を主要部品とするものだった。藤本とクラークが重量級プロダクト・マネージャー制と名付けた組織によって管理される製品開発をIMVPでは「リーン製品開発方式」と呼んでいた。リーン生産方式は生産プロセスで生じる在庫を削減し製品にかかわる問題をプロセスの途中段階で並行して解決することで円滑なプロセスを実現するやり方だ。重量級プロダクト・マネージャー制をIMVPはリーン生産方式と同様に問題をプロセスの最後まで残さず途中でできる限り解決するやり方だと解釈し「リーン製品開発方式」と呼んだ。重量級のプロダクト・マネージャーが各機能部門間で並行して調整し協同で問題解決することで問題の積み残しをなくし，解決されるべき問題の「在庫」を低減させる。そうした問題解決を行うことで製品開発プロセス全体のリードタイムは短縮され競争力の高い新製品が市場に送り出されていると考えたのだ。[5]

製品開発における問題の多くの解決には部門間にまたがった調整が必要で機能部門間に壁がある限り迅速に問題を解決することができない。にもかかわらず1980年代までの欧米企業では機能部門間で過度の分業が維持され個々の機能部門が強い権限を持っていたため部門間のコミュニケーションが十分に行われていなかった。その結果，多くの欧米自動車企業では開発期間が必要以上に長くなり，競争力の低い新製品を開発することになってしまっていた。そんな中で卓越した成果を上げていたのがリーン製品開発方式を採用していた日本の自動車メーカーだったのだ。

　マツダで商品企画を実際に経験してきた延岡には1990年代の自動車メーカーが製品開発で抱える新たな課題がわかっていた。多くの自動車メーカーが多数の製品ラインを持つ中で激化した競争の中でいくらリーン製品開発をうまくやっても，いや，むしろリーン製品開発で高い成果を上げているからこそ直面することになる問題がそこにあった。

　リーン製品開発ではプロジェクト内の機能部門間の統合と引き換えに複数プロジェクト間でのコミュニケーションが減少し，本来ならば共有できる部品まで個々のプロジェクト内で独自に開発するといった危険性がある。そうしたことが起こると，開発投資は増加しプロジェクト間で開発業務の重複が見られるようになるし，複数車種ライン間での技術や知識の移転も困難になる。実際，1980年代トヨタの主査制度を参考にしてリーン製品開発型の組織体制をとった米国フォードではこの問題が起こっていた。個々のプロジェクトの効率・成果の最大化が企業としてのプロジェクトポートフォリオ全体の効率・成果の最大化を阻害する問題を，いかに解決するかが1990年代の自動車企業にとっての課題になると延岡は見抜いた。延岡は製品ライン間関係と製品世代間関係の両方を組み合わせて製品開発を戦略的に企画し，組織的に実行することをマルチプロジェクト戦略と呼び，この戦略が各プロジェクトと企業全体の成果両方をいかに高めるかを実証した。

神戸大学への就職

　博士論文を提出しMITの博士課程を終えた延岡は神戸大学に就職する。神

戸大に就職が決まった経緯は次のようなものだった。かつて藤本が第1回に参加した三菱コンファレンスはその後も隔年で続いていて，1992年9月（3～6日）に静岡県伊豆市にあるIBMの研修施設（IBM天城ホームステッド）を使って開かれることになった。日本に帰国して東京大学で研究していた藤本から「参加しないか。飛行機代も出るぞ」と声をかけてもらったので延岡は参加することにする。

　今回の会議も豪華な顔ぶれが揃った。米国側の参加者はクスマノをはじめとして戦略論の研究者として有名なUCLAのリチャード・ルメルト（Richard Rumelt）やスタンフォード大学のキャスリーン・アイゼンハート（Kathleen Eisenhardt），ペンシルバニア大学の博士課程に在籍していたリタ・マグレイス（Rita McGrath：後に1993年に博士を取得しコロンビアビジネススクールに就職）にリーダーシップ研究で有名な同じペンシルバニア大学のロバート・ハウス（Robert House）が参加していた。日本側からも中堅，若手の優秀な経営学者として選抜されたメンバーが参加した。野中郁次郎，伊丹敬之，加護野忠男といった常連に金井壽宏（神戸大学），伊藤秀史（京都大学），沼上幹（一橋大学），浅羽茂や新宅純二郎（ともに学習院大学）といった将来有望な若手研究者が参加していた。ハーバードビジネススクールの博士課程に在籍していた国領二郎もこの会議に参加していた。国領はNTTからハーバードのMBAプログラムに留学し博士課程に進学していた。ちなみに国領は東京大学経済学部土屋守章ゼミ出身で藤本の後輩だった。国領は経営学博士取得後，慶応大学に就職する。

　この国際会議で延岡は，マルチプロジェクト戦略について進めている研究の一部を発表した。発表が終わると会議に参加していた神戸大学（経済経営研究所）の吉原英樹が近づいてきた。あの「多角化プロジェクト」を率いた吉原だ。吉原は優れた研究を見出す目利き力の持ち主として学会で一目置かれていた。吉原は延岡に近づくなり単刀直入に言った。

　「延岡君。いい研究だね。世界で通用する研究なのがいい。うちに来て研究しないか。『行きます』と言ってくれれば今，僕は研究所の所長をしているから100％就職が決まると思ってもらっていい」

延岡は博士課程が終われば日本で就職先を探そうと思っていた。しかし日本の理系出身の延岡にとって神戸大学の日本国内でのランクがよくわからなかった。理系の視点で言えばやはり関西だけで見ても京都大学，大阪大学が上にあるはずと考えた。

　吉原からの申し出をどのように受け止めればよいかわからなかった延岡は藤本に相談してみた。「とりあえず日本に戻る最初の大学としてはいいですかね」といった感じの相談だ。「何を言っているんだ。経営学で神戸大より研究実績や研究環境がよい大学はそうないんだぞ。ものすごくありがたいじゃないか」といった予想とは少し違う返事が返ってきた。藤本の言葉には「何贅沢を言っているんだ」といった少し怒っているのではと感じるほどの迫力があった。そこで延岡は吉原からの申し出をありがたく受けることにした。1993年にPh.D.を取得した延岡は翌年1994年に神戸大学経済経営研究所に就職する。

研究成果の発表

　日本に戻った延岡はまず論文で研究成果を発信する。

　「最初は藤本さんがどちらかというと本を出して研究成果を発表していたので，僕はどちらかというとジャーナルペーパーといった，違う研究スタイルでと思っていたところがありました」（延岡2013）

　MITの博士課程在籍時に投稿しResearch Policyに採択された文献展望論文がすでに研究業績としてあったが日本に帰国後は博士論文の2つの章を基にクスマノと共著で2本論文を書きIEEE Transactions on Engineering Management（1995）とStrategic Management Journal（1996）に投稿し，採択され掲載された。

　「常にどの研究をどの雑誌に投稿するかはクスマノの方が詳しいと思って彼に任せました。本当はIEEEに出した論文がきちんとした質問票調査をし

ているし一番自信がある論文でした。IEEEの編集者から論文を投稿してほしいとクスマノが頼まれているからといった事情で投稿したらしいのです。（Strategic Management Journalなど他に雑誌としてランクが高い雑誌があったはずなので）ちょっと残念な気がしましたけど」と延岡は当時を振り返る（延岡2013）。

　その後，延岡は博士論文を日本語に翻訳しトヨタの事例を加えたものを単著で有斐閣から『マルチプロジェクト戦略』というタイトルで出版し，1997年度の日経・経済図書文化賞を受賞する。

　「（経済経営研究所の）吉原さんから（当時の教授昇進審査の時を考えれば）日本語の本が必要になると言われたので博士論文を基に『マルチプロジェクト戦略』を出しました。論文は英語で書くのが普通で日本語で書くのだったら本だという感じはありましたね。最初に出版を検討してもらった出版社には『ダメだ，こんなのはうちでは出せない』と断られたのですが，ありがたいことに有斐閣が出してくれました。本を出した後，クスマノがたまたま1997年に一橋のイノベーション研究センターに客員教授として来ていて会って話していると『今，とくだん仕事があるわけではないから，これ（『マルチプロジェクト戦略』）を章立てを変えて英語に翻訳して出版しようと思うんだ』と言っていました。その本がThinking Beyond Lean（クスマノとの共著1998年：Free Press）です」（延岡2013）

IMVPの研究仲間との共同研究

　英語と日本語，論文と書籍，どんな形であっても質の高い研究成果を連続して発表する延岡だったが，彼にとって最も多く引用されることになる研究は博士研究が発表された後に行われ発表されたものだった。それは，IMVPで知り合った若手研究者と共同で行ったものだ。

　IMVPは年に数回，世界の主要都市で実務家向けや研究者向けに成果発表会を開催していた。UCLAで経営学博士を取得しペンシルバニア大学に就職していたジェフリー・ダイヤー（Jeffrey Dyer）は自動車業界の組織間関係を

調査していたこともあり頻繁ではないにしろ何回か参加し延岡とも顔見知りになっていた。ダイヤー同様，延岡もマルチプロジェクトの製品開発管理を研究した後，自動車業界の組織間関係を調査していた。

　ある時，IMVPの研究者向け会合が開かれ，そこにダイヤーが参加していて延岡と研究の話になった。特にダイヤーはちょうどその頃，大学でのテニュア（終身雇用資格）を取るために一流の専門研究雑誌に何本も論文を採択されなければならないというプレッシャーを感じていた。延岡も博士研究だけでなく新しいテーマで一流雑誌に論文を発表していきたいと感じていた時期だった。

　そうした状況の中，会話の中でダイヤーから提案があった。それぞれが独自に行っている研究に互いに意見やデータを出し合って共著論文にして雑誌に投稿してみないかというのである。採択されれば個人で別々に論文を書く場合の論文数は2倍，つまり業績が2倍になるではないかというわけだ。「別に悪い話ではないな」と思った延岡はダイヤーの提案に乗ることにする。

　会合での約束から延岡はダイヤーと共同論文を2本書くことになる。そのうちの1本がトヨタ自動車のサプライヤーとの組織間学習活動を分析した論文"Creating and Managing a High-Performance Knowledge-Sharing Network"で，トップジャーナルのStrategic Management Journalに2000年3月号に掲載されることになる。

トヨタを中心とする組織間学習

　トヨタ自動車には生産管理部の中に生産調査室（時に生産調査部に生産調査室を置くことがあった）というトヨタ生産方式を社内工場及び協力会社へ導入するスタッフが所属する組織がある。この調査室が社内工場及び協力会社の工場へトヨタ生産方式の指導を行うと同時に，社内工場間や協力会社間で相互学習が行うように指導している。こうしたトヨタの1つの組織を超えた形の相互学習の仕組みにダイヤーも延岡も興味を持ち，この仕組みがトヨタの競争優位の源泉になっているのではないかと考えていた。

　興味深かったのはアメリカでは日本と違いサプライヤー間の相互学習はま

だ起こっていなかったことだった。組織を超えて相互学習するネットワークがアメリカでも日本と同じ形になっていくとすれば，アメリカの現状を調べればトヨタが組織間学習をどのような段階を踏んで進化させていくか明らかにできるのではないか，と2人は考えた。

フィールド調査ではアメリカのトヨタやサプライヤーへのインタビューはダイヤーが行いトヨタの本社をはじめ日本にいる関係者には延岡がインタビューを行い，データを補完し合った。日本でのインタビュー内容は研究助手を使って英語にした。ダイヤーがペンシルバニア大学の学生の中から研究助手で雇った鈴木益恵が来日し，延岡に同行した上で英語に翻訳しダイヤーに送った。30人以上のトヨタ役員に100時間以上のインタビューを行い，並行して日本の一次サプライヤー10社とアメリカのトヨタのサプライヤー11社にインタビューした。インタビューの内容を裏付けるため日米のトヨタのサプライヤーへの質問票調査も行った。

ダイヤーと延岡はトヨタの高い生産性と競争優位を解明するにはトヨタ単体を分析しても十分ではないことに気づいていた。トヨタはサプライヤーを巻き込んで相互学習する独自の仕組みを持っていて，それがライバル企業との大きな差を生み出しているのではないかと見ていたのだ。

完成した論文はトヨタのサプライヤー・ネットワークを注意深く評価し，際立った生産性向上へとつながるトヨタの現場での体系的知識共有過程を解明したものになった。組織間での相互学習を行おうとすればするほど，

(1) 競合他社に知られたくない情報が洩れるかもしれない
(2) ただ乗りする企業が出てくるかもしれない
(3) 費用が余分にかかってしまうかもしれない

といった問題を解決しなくてはいけなくなる。こうした問題を克服するためトヨタはトヨタ生産方式自主研究会（自主研）に代表される，生産調査室を中心とする社内工場間，サプライヤー間で学習する仕組みを確立していた。こうした組織的仕掛けの構築によって，トヨタ生産方式に関する知識を同社のサプライヤー・ネットワークの共有財産とする強力なネットワーク・アイ

デンティティを，トヨタは創造することに成功していたのである。

戦略的ネットワークをテーマに多被引用回数研究を発信

　ダイヤーと延岡は完成した論文をStrategic Management Journalの特別号に投稿することにした。同雑誌は1998年6月に「戦略的ネットワーク」というテーマの特別号を発行する予定で論文を募集していた。いわゆるCall for Papersと呼ばれるものだ。ゲスト編集者はその分野を専門にする代表的研究者でノースウェスタン大のランジャイ・グアラティ（Ranjay Gulati），ハーバードビジネススクールのニティン・ノーリア（Nitin Nohria），ミネソタ大学のアクバル・ザヒール（Akbar Zaheer）の3人だった。呼びかけに42の論文が投稿され，その中から14本の論文が選ばれ改訂が依頼された。その依頼とともに，ゲスト編集者は執筆者をノースウェスタン大学で開く同じテーマのコンファレンスに招待した。コンファレンスを開くのは研究者が直接顔を合わせ，それぞれの研究のアイデアを共有しお互いがフィードバックを得て学び合うためだ。対象となった論文の執筆者は（少なくとも著者の代表として誰かはという意味で）全員，コンファレンスに参加し，自分達の研究を発表しフィードバックを受けた。その後，改訂された論文は再度，査読されゲスト編集者と査読者の両方を十分満足させたと判断された8本の論文が最終的に特別号に掲載された。その中の1本がダイヤー・延岡の論文だった。

　採択されるのに大変でしたかという筆者からの質問に延岡からの答えはあっさりしていた。

　「英語で書くのは全部ダイヤーに任せて（ダイヤーは出席したと思うけど）僕はコンファレンスにも出席しませんでした。レフェリーからのコメントもこれとこれを直せば掲載してあげるよといった感じであまり苦労した感じはしなかったです」（延岡2019）

　Google Scholarで確認するとダイヤー・延岡論文は同じ特別号に掲載された8本の論文の内，ゲスト編集者3人が共著で書いた論文（6,148回，2020年

7月15日現在）の次に多く引用されている（5,150回，同日）。同論文は戦略的ネットワークという研究分野で非常に大きな影響を与える論文の地位を獲得しているのだ。

IMVPが果たした役割を知るために

　本来ならば話はここで終わるべきなのだが，クスマノはIMVPを通じ延岡を含む3人の日本人研究者を育てている。本章では残り2人の日本人経営学者についても紹介することにしたい。理由はIMVPが優れた日本人経営学者誕生の孵化器として大きな役割を演じたことを読者に知ってもらうためだ。本書の本筋のみに興味がある読者は以下の内容を読まず次の章に進んでもらってもまったく差し支えないのでそうしてほしい。

一橋からの留学生

　博士課程の日本人学生としてIMVPに延岡の次に入学してきたのは現在，一橋大学で教える青島矢一だった。青島矢一は1965年，静岡県生まれで一橋大学商学部を卒業し大学院に進学，修士を取った後に1991年，MITの博士課程プログラムに入学する。青島の学部ゼミからの指導教員は「日米企業の経営比較」プロジェクトのメンバーだった榊原清則で，当時，MITで客員研究員として過ごし日本に戻って2年目だった。榊原にはカリスマ的なところがあり榊原のなすこと，話すことに心酔するゼミ生が多かったと青島は言う。大学院に進学したのは榊原から大学院に来ないかと誘われたからだった。

■写真10　青島矢一

　榊原が担当した生産管理の授業で青

島が提出した日産のスカイラインの事例分析レポートを，榊原は後述する青島との共著論文を書くほど気に入った。スカイラインは1966年に日産と合併したプリンス自動車が開発した経緯もあり他の日産製品にない独自の製品地位を獲得していた。その状況を青島は数字を使って明らかにしていたのだ。

青島はこのレポートを下敷きに卒業論文を書いた。卒業論文では自動車図書館に入り浸り自動車ディーラー店を自転車で回ってデータを集めた。消費者がどの車からどの車に買い替えたかはディーラーに行けばわかると思ったからだ。調べれば調べるほど調査が楽しいと思えるようになり，大学院に行くのもいいかなと思うようになっていった。大学院に進学するころ青島は修士で２年勉強した後は東芝や日産といった大手製造業者に就職することを考えていた。しかし，修士を終えるころには同期が皆，博士課程後期に進学する（実際９人の同期のうち８人が後期に進学した）のでそうすることが自然だと考えるようになっていた。

同期で同じ榊原ゼミから大学院に進学したのが，後に一橋大学国際企業戦略研究科で教えることになる楠木建だった。２人は学部２年生の時からの知り合いで青島の下宿で夜遅くまで時間を忘れて話し込むほどの仲だった。青島は楠木を非常に意識していた。楠木が深く思索を巡らすタイプだったので自分は数量分析で特徴を出そうと考えた。また楠木が，妻が不動産会社に勤めていた関係でアメリカに留学せず日本で博士課程後期を続けるつもりだったので青島はアメリカに留学し博士研究を続けようと考えた。当時の一橋ではアメリカ留学は自然な選択肢の１つだった。青島は博士課程後期に進学してから留学の準備を始めたが，同期の８人のうち３人（遠山亮子：ミシガン大学，現在中央大学。大上慎吾：カーネギー・メロン大学，現在一橋大学。小西大：ウエスタン・オンタリオ大，現在一橋大学）がすでにアメリカとカナダの大学の博士課程に入学していた。

修士論文で青島は学部時代に榊原の授業用に書いたスカイラインの事例に組織論的考察を加えたものを書いていた。製品コンセプトに全体性が出ている製品は製品開発担当が製品間で頻繁に異動するのではなく，同じ製品を何世代にもわたって担当しているという考察をしたものだ。この修士論文は榊原との共著で，日本語と英語の両方で発表されている。日本語版は伊丹敬之

他著『競争と革新』（東洋経済新報社 1988 年）という書籍の 1 章としてで，英文は "Company and Wholeness of Product Strategy" というタイトルで一橋のワーキングペーパーとしてだ。

　青島が留学の準備をしている 1990 年に榊原はミシガン大学の客員准教授として渡米し，1992 年にはロンドン大学ロンドン・ビジネス・スクール准教授の職に就いていた。そのため青島は榊原に留学の相談をすることはほとんどなかった。

　青島はミシガン大学，カリフォルニア大学バークレー校，ハーバードビジネススクール，MIT，ボストン大学に願書を送った。書類審査で足切りにならないよう渡米し各大学で直談判を行った。それでも思いが届かずミシガン大学とカリフォルニア大学には足切りにされてしまった。

　ボストン大学は青島の中では志望順位が低かった。それでも願書を出したのは MIT に足切りをしないようにお願いに行った時に会ったエリック・フォン・ヒッペル（Eric von Hippel）がこの英語試験の点数では MIT は難しいだろうからボストン大学に応募したらよいのではとアドバイスをくれたからだった。フォン・ヒッペルは一橋大学に在外研究で滞在したことがあり，榊原と交流があり，榊原はフォン・ヒッペルの最初の著作を日本語に翻訳していた。そうした経緯があったので青島もフォン・ヒッペルと，もともと面識があった。余談になるが，このフォン・ヒッペルは次の結章で紹介することになる人物である。覚えておいてほしい。

　ハーバードで足切りにならなかったのは一橋で教えていた竹内弘高が尽力してくれていたからだった。ハーバードに行きたいと思っていたのだがなかなか留学用の英語のテストで十分に高い点が取れない。仲介に入ってくれた，ハーバードから一橋に異動していた竹内が博士課程で授業についていくには今の英語力では難しいだろう，とりあえず研究員としてハーバードに受け入れてもらって英語力が上がってきたらその時点で博士課程への応募を考えたらどうかとアドバイスをしてくれてハーバードで研究員として働く手はずも整えてくれた。もし MIT に合格できなかったらハーバードに行こうと青島は決めていた。

　修士課程では自動車業界の研究をしたが，アメリカでは自動車業界を研究

するつもりはなかったと青島は言う。

「自動車業界の研究者はすでにたくさんいたし，自分が新たに貢献できることが少ないと思っていました。留学を考えていたハーバードには半導体産業を研究している人がいてASIC（顧客用途に合わせて設計できる半導体）の研究をしてみたいなとぼんやり考えていました」（青島2020）

最終的にはMITから合格通知が届き，しかもIMVPが生活費と授業料を出してくれるという。当時，MITは英語試験の得点より推薦者からの手紙を重視しており，野中郁次郎からの推薦書が合否を決める重要な判断材料となった。そこにIMVPから十分な予算を確保していたクスマノが自動車研究を行う大学院生として財務的に青島を支援をすることを約束し青島の入学が決まった。[8]

青島はクスマノが一橋を訪問した時のタイミングを捉えて相談していた。

「一橋の前にある横断歩道を渡りながら『MITの博士課程に応募しようと思うんだけれどどうだろうか』と相談したシーンを覚えています」（青島2020）

1992年MITの博士課程プログラムに入学した後に青島はクスマノに挨拶に行った。事情を知らない青島が「自動車以外で研究を考えている」とクスマノに話すと「自動車でやらないなら日本に戻って研究した方がよいのではないか」と言われてしまう。

「今考えればIMVPにサポートされてきたわけだから自動車以外でやるというのはありえなかったのですね。僕の英語テストの点数からするとIMVPで日本から来た人間に日本の自動車企業の調査をしてもらおうということで僕が合格できたということなのでしょうから。クスマノの下で自動車業界についての博士論文を書くというのがMITやクスマノにとって既定路線だったのでしょうね。クスマノは『こいつ何言ってるんだ』と思ったかも

知れません（笑）」（青島2020）

世代をまたぐ製品開発の研究と就職

　最終的に青島はMITではIMVPから研究費支援を受けて自動車メーカーのプロジェクト世代間に及ぶ製品開発を対象にした博士研究を行い1996年に博士号を取得する。

　　「プロジェクトの成果を製品を構成する部品についての成果とプロジェクト全体の成果の２つに分けて知識の移転，継承の仕方がどのように世代をまたぐ製品開発のそれぞれの成果に影響を与えているかを調べました。日本の主要自動車メーカー５社への質問票調査を通じて明らかにしたのですが，部品にかかわる成果については形式知の移転，継承が重要な働きをしていました。それに対してプロジェクト全体の成果に対しては暗黙知が重要な知識として働き，プロジェクト全体をまとめる立場にあるプロジェクトリーダーやレイアウトエンジニアが世代をまたいで同じプロジェクトで働いていることや一緒に仕事をし同じ経験を共有しているキーメンバーが世代をまたいで参加していることが正の影響を与えていました」（青島2020）

　青島はこうして博士論文を完成させた後，母校の一橋大学商学部附属産業経営研究施設（今のイノベーション研究センター）に就職する。1995年の夏頃に同研究施設の野中郁次郎から声がかかったのだ。

　　「秋に人事をするからという話を聞いて急いで論文を仕上げました」（青島2020）

　就職後，博士論文を基にして書いた論文は２本。１本はカリフォルニア大学バークレー校が発行しているIndustrial Relationsで，日本企業について特集する特別号が企画されそこに投稿し採択された。もう１本は組織論研究の主要雑誌Organization Scienceに投稿したが，こちらは大幅改定を求める査

読結果が返ってきてしまった。

　「今から考えると『これなら改訂すれば採択してもらえる』と思える結果でした。クスマノに見てもらって『いけるんじゃないか』という意見をもらっていたと思います。ですが，その頃は査読を受けた経験がまったくなかったのでいろいろ批判的なコメントがたくさん書かれていて，勝手に『もうこれはダメだな』と思って再投稿せずに諦めてしまいました」（青島2020）

結果として青島の博士論文からの成果発表は 1 本に留まることになる。

　「IMVPのサポートで研究できてよかったことは 1 つはお金ですね。お金がなければアメリカで生活も MIT の授業料も払えませんでした。もう 1 つは自動車業界への調査機会をもらえたことですね。特に日本の自動車工業会が IMVP のスポンサーだったので質問票調査を IMVP の名前で自動車工業会を通じてできた。このルートを使えなければ私が作った，回答が面倒くさくて長い質問票に自動車メーカーの人たちが回答してくれなかったでしょうね」（青島2020）

　その後，青島は英語での専門雑誌への投稿よりも日本語での研究発表を精力的に行い成果を上げる。2012年に軽部大と後述する武石彰との共著で『イノベーションの理由』（有斐閣）を出版し，同年日経・経済図書文化賞を受賞。2020年には前年に藤原雅俊との共著で出版した『イノベーションの長期メカニズム』（東洋経済新報社）でエコノミスト賞を受賞することになる。

三菱総研で藤本と机を並べた調査のプロ

　IMVPに博士課程の学生として参加した 3 人目の日本人は前章にも登場した三菱総研出身で現在は学習院大学で教える武石彰だ。武石は1958年，東京都の生まれで，藤本とクスマノという本書の主要人物 2 人とかかわりあう中

から世界的業績を出す経営学者に
なっていった興味深い人物だ。

　武石は東京大学の教養学部時代，
授業にまじめに出た記憶がない。喫
茶店に入り浸り，学生生活のメイ
ンはテニスやバンド活動といった
生活をしていた。4年生になって
も就職することに前向きになれず，
授業の単位はすべて取った上で卒業
論文だけ残して1年留年した。最
後の1年は授業に出ないで卒業論
文オンリーで，テーマをインドネ
シアと日本との国際関係にして書いたが残念ながらゼミの先生からの評価は
Bだった。

■写真11　武石彰

　就職活動は三菱総研と野村総研の国際開発関係の部署，それから海外経済
協力基金を考えていた。三菱総研を受けてみようと思ったのは新入社員の募
集の紙がキャンパスに張り出されていてなぜか興味を感じたからだった。野
村総研への就職活動は不調に終わり三菱総研から最初に内定が出た。

　　「募集をかけたら僕1人しか応募がなかったのでしようがなく僕を採った
　んじゃないかと思います」（武石2013）

　内定をもらった武石は三菱総研にお世話になろうと思った。そこで途中ま
で就職面接が進んでいた海外経済協力基金へは断りを入れ三菱総研に就職す
ることにする。
　武石が留学を意識し始めたのは三菱総研で留学制度が始まったからだった。
1985年前後のことだ。

　　「会社がそれまで累積の赤字が消えて留学制度が始まったので，僕は2，

３回目の募集の時に応募しました。大事なきっかけは入社して最初の海外出張で藤本さんのところに行ったことでした」（武石2013）

　武石は藤本が三菱総研で仕事をしている時から藤本から非常に大きな影響を受けていた。藤本が留学を断念した直後の1982年に三菱総研に入社した武石は前章で述べたように，仕事机が藤本の隣で藤本の存在を意識せざるをえなかった。その上，武石にとって入社後すぐの２つ目のプロジェクトが大型の自動車プロジェクトで藤本の仕事の速さ，丁寧さ，質の高さ，顧客からの評価の高さに圧倒されていた。
　武石は藤本がハーバードに入学して１年経つか経たないかといった時期にハーバードの藤本を訪ねている。ハイテク企業の調査で藤本の仲介でMITのメル・ホーウィッチ（Mel Horwitch）を訪ねた時のことを今でも覚えているという。

　「藤本さんからMITの研究環境の良さを聞かせてもらいました。『MITは教授のオフィスの横に棚があってワーキングペーパーや論文が置いてあって好きに持って行っていいんだよ。研究室があるフロアは自由で開放的な雰囲気があっていいんだ』と言っていました。ホーウィッチ先生へは藤本さんの知り合いだったMITの博士課程に神戸大学から留学していた金井壽宏先生がつないでくださって，インタビューでは金井先生と藤本さんが同席してくださいました。ホーウィッチ先生が何か話すと金井先生が"Exactly!（おっしゃる通り）"と英語で相づちを打たれて，そんな言い方するんだ，かっこいいなぁと思ったのを覚えています」（武石2013）

　「藤本さんには自宅にも連れて行ってもらい，すごく親切にしてもらいました。奥さんもいて食事もご馳走になり，こういうのはいいかもしれないなと思いました。特にMITがとても印象的でした。ハーバードも重厚でよかったのだけどMITはオフィスのデザインがモダンで洗練されていて，藤本さんが言っていた『MITのスローン（ビジネススクール）がすごくオープンでいいのだ』という言葉も心に残りました」（武石2013）

修論を書きたくてMITを選ぶ

　武石は3，4歳のころ，父親の仕事の関係でアメリカに1年半住んだことがあった。父親がアメリカを大好きだった影響もあり武石はアメリカに好意を持っていた。そこでアメリカに会社から留学できるのなら留学したいと思った武石は会社の選抜試験を受験し見事合格する。行きたい大学はMIT，理由は藤本に連れて行ってもらった時にオフィスの雰囲気がよかったことと修士論文が修了要件になっていたことだった。

　「三菱総研で仕事をしていたことが非常に影響しています。自動車業界の調査をよくしていたこともあって自動車研究会か何かのコンファレンスか法政の下川先生か，どのルートからは覚えていないのですがMITのクラフチックの修士論文のコピーが回ってきたんです。それを見たとたん『すごい』と思ったのです。こういうのを書きたいと思いました。単にビジネススクールに行ってMBAを取るということもあるにはあるのだけれど論文を書くということがすごく魅力的でかっこいいなと思ったのです」（武石2013）

　MITへの入学候補者の面接は当時，営業していた赤坂プリンスの高層階の部屋で行われた。

　「MITは途中までセレクションがあって最後は30分ぐらいの面接で絞るのです。面接担当の人の名前は忘れもしません。ジェフリー・バークスという人です。彼に持って行っていたクラフチックの論文のコピーを見せて『僕はこういうのを書きたい』と言ってアピールしました」（武石2013）

　武石はMIT以外にもコロンビア大学とカリフォルニア大学バークレー校から合格通知を受け取っていた。しかしMITに合格すればそれで決まりで他の選択肢を検討する必要はまったくなかった。武石は1988年の9月，MITのMBAプログラムに入学する。修士課程を修了した延岡とちょうど入れ替わりのタイミングだった。

ボストン（正確にはMITがあるのは隣の市のケンブリッジ）での生活は充実し楽しく，MBAプログラムの授業も日本に帰って仕事に使えそうなものがあり収穫になった。特に統計とマーケティング・リサーチの授業は実践的で修士論文ですぐ役立ち日本に帰国後も授業で使った教科書が手引書の役目を果たしてくれた。

　そうしたMITへの留学体験で何よりよかったのは修士論文を書けたことだった。

　「クラフチックの論文は世界中飛び回って自動車の組み立て工場の生産性をすごくきちんと体系的に測っていて日本は本当にすごいということをデータで裏付けた論文でした。そういうのをやりたいと思っていました」（武石2013）

論文の指導はクスマノに頼んだ。

　「クスマノは藤本さんのところに出張で行った時，ハーバードビジネススクールで藤本さんから紹介されていました。モーガンという建物の半地下の研究室のあるところです。クスマノは日本語もしゃべれたし，『今，日本の自動車産業についての本を書いていて為替レートで計算するとコストがこういう風になるんだ』といった説明をしてもらったことを覚えています。それで最初にMITに行った時，新入生のパーティーにたまたまクスマノがいて，そこで話をしました。『日本人はみんな俺のところに修論のアドバイザーになってくれと来るけれど甘く考えてもらっては困る』とか言っていました（笑）。そうは言っても彼は自動車のことを研究していて自動車の本を書いていたし，クラフチックの修士論文の指導教員だったし藤本さんを通じて知っていたから，彼に指導教員になってもらいました」（武石2013）

修士論文

　武石の修士論文の出発点は入社して2番目の仕事として携わった（藤本と初めて一緒に仕事をした）日本の自動車メーカーの対米進出を巡るプロジェクトだった。そこでは現地部品調達の方針を検討する作業を行っていた。日本から進出する自動車メーカーにとって，現地生産に取り組む上でどれほど現地の部品が使えるかは重要な問題だった。それはコスト，品質，納期，技術力において現地のアメリカ系部品メーカーが十分な競争力を持っていなかったからだ。日本国内で部品メーカーと効率的な分業関係を長期にわたって構築していた日本の自動車メーカーにとってアメリカで部品調達体制をどのように整備するかは避けて通れない重要な課題だった。

　藤本の三菱総研時代がそうであったように，このプロジェクトを担当するようになったことをきっかけに武石のところに自動車業界，特に自動車部品に関する仕事が回ってくるようになった。例えば，アメリカ自動車メーカーからの日本の部品メーカーの競争力や取引関係について調べるプロジェクトや日本自動車工業会からの日本の自動車部品取引の特徴やその意味をアメリカ連邦議会の公聴会で説明する資料作りをするプロジェクトだ。そんな経緯から日本とアメリカの部品取引方式がどのように違い，日本の部品取引方式が日本の自動車メーカーの競争力にどう影響しているかを探ることが企業や政府にとって重要な関心事になっていると武石は考えていた。

　　「三菱総研には企業や政府にとって大事な仕事が来るのです。その当時の
　　大事な仕事が三菱総研に来て，その大事なことが研究のテーマになってい
　　くのです」（武石2013）

　1982年に入社して1988年までの7年間に，何度か購買調達に関するプロジェクトを経験し自動車部品については一定の知識があり調査屋としての蓄積があった。

　　「だからMITの修士論文をその延長でやろうと思いました。はっきり言

って他の同級生に比べたらプロの調査屋だといういっぱしの自信が僕には
あった。申し訳ないけど調査についてはそこらの同級生とは比べものにな
らない。しかも時代の流れとぴったり合っていたので自動車部品に関する
問題をテーマに選びました」（武石2013）

　こうして武石はMITでの修士論文のテーマを自動車部品取引の日米比較に
することにする。
　ところで当時，IMVPの常勤研究員として西口敏宏がMITで研究していた。
西口敏宏は1952年生まれ。早稲田の政治経済学部を卒業後，民間企業に就職
していたが，英国に留学，ロンドン大学インペリアル・カレッジ・ロンドン
で産業社会学の修士号を取得し，オックスフォード大学の社会学の博士課程
に進学する。同課程をほぼ終えた西口はアメリカに渡り1986年からIMVPの
常勤研究員として働いていた。[9]
　武石は日本にいるころから西口のことを知っていて研究会で挨拶したこと
があった。西口は藤本と調査上のつながりがあったので，すでに知り合いに
なっていたのだ。

　　「藤本さんからは『西口さんというすごく英語のできる人がいる』という
　話を聞いていました。自動車問題研究会という研究会があって自動車メー
　カーや部品メーカーの人たちがたくさん出入りしていて研究者もメンバー
　になっていました。法政大学の下川浩一先生とか自動車の研究をしている
　人は大抵そこで知り合いになります。そこで藤本さんが話をしたりするこ
　とがあるのですが，西口さんもそこに来ていたのです」（武石2013）

　修士論文を進めていくのに，内容についてMITで西口に相談したり，アド
バイスをもらえたことはありがたかった。

伝説の調査屋

　アメリカでのインタビュー調査は清晌一郎と行った。武石が三菱総研に入

社して2番目に携わった日本の自動車メーカーの対米進出調査プロジェクト
は実は藤本と清の3人で行ったものだった。清は1971年に機械振興協会経済
研究所に入所し，対米進出プロジェクトに参加した時は研究員だった。

　「清さんは『伝説の調査屋』なのです。『機械経済研究』という機械振興
協会経済研究所が出している雑誌があるのですけど，『日本の部品工業構
造』という（上）・（中）とあって（下）がない不思議な論文を書いていて
（笑），藤本さんの評価がものすごく高く，僕も本当にすごいなと思ってい
ました。だから藤本さんと清さんと一緒に仕事をしたのは今から考えても
すごい経験だったのです」（武石2013）

　武石が留学した時期，清はよくアメリカに調査に来ていた。1984年に関東
学院大学（経済学部）に転職していたがフィールド調査を続けていた。清の
ことは以前からすごい研究者だと思っていた武石は，懇願して一緒に調査に
同行させてもらうことにした。調査費はもちろん自腹の超貧乏調査旅行だ。

　「清さんは多少調査のお金があったのかもしれないのだけれど，飛行場に
降りて，ある町に行くじゃないですか。レンタカーを借りて泊まる場所を
探す。当時はインターネットで簡単にホテルを検索できるといった時代で
はなかったので車を運転しながら宿泊できるところを探すわけです。十数
ドル以下で部屋があったら2つの部屋に別々に泊まろう，それ以上だった
ら同じ部屋に泊まろう，みたいな感じで安いモーテルを探しました（笑）」
（武石2013）

　清の調査は当時，1週間で全米を回り十数社ぐらいをインタビューした。し
かもアポ取りは現地に行ってからだった。

　「事前にアポイントメントの1つか2つは取っているのだけれど，あとは
その日の夜に電話して，現地に来ているのだけれど話を聞けませんかとい
う感じで，1週間で十数社をインタビューするのです。インタビューが何

件取れるかわからないのでスリル満点。非常におもしろかったです」(武石2013)

しかも清はインタビューの達人だった。

　「調査で訪問するのは主に日系企業なのですけど，初対面の相手でも清さんが話をし始めると彼が自動車業界のプロだということがすぐに伝わって向こうの人がいきなりすごいと思うわけです。『この人は自分達の業界のことをすごくよく知っている』と言って話がぐっと深いところに入っていくのです」(武石2013)

恩師からの学び

　修士論文を書く際には武石はクスマノからも多くを学んだ。調査に対する姿勢や「基本的なことを教えてもらった」と武石は言う。武石は日米の自動車メーカーと日系企業のアメリカ工場に対する質問票調査も行った。日本だけでなくアメリカのメーカーにもクスマノを通じて質問票への回答を依頼したのだがアメリカ企業の対応に武石はびびってしまう。アメリカメーカーからのデータの回収が思うように進まなかったのだ。

　「あまりデータをもらえなくて，1つの会社から数票，データをもらうというやり方をしたのですが1票しかもらえなかったのです。しようがないのでこれぐらいで遠慮しとこうかとクスマノに話しました」(武石2013)

武石のこの態度にクスマノは激昂した。

　「『ふざけるな。俺だって手伝って一生懸命やっているのだからちゃんと全部データを取ってこい』と言われました」(武石2013)

データから出てくる結果に対して誠実であることもクスマノから学んだ。

「分析結果で最初に期待していたのと違う結果が出たりしたところがありました。これはちょっと違うからと修士論文の内容に入れていなかったら『そんなのでは駄目だ。ちゃんと事実として書くのだ』と言われました」（武石2013）

　こうして苦労して行った調査の発見物は次のようなものだった。日本の自動車メーカーはアメリカ企業に比べて少数の部品メーカーと長期的で緊密な関係を築き，部品の生産だけでなく設計開発も任せ，共同で問題を解決していく姿勢を持ち，その特徴が日本の自動車産業の競争力を支えていた。また，日本の自動車メーカーが調達する部品はコスト効率が高く，品質も優れ，しかもコストの削減，品質の向上においても優れていた。
　完成した修士論文をクスマノは絶賛した。彼はMITの修士論文を評価する賞に武石の論文を推薦し，論文は1990年のMITのMBAプログラムの修士論文の中の最優秀であることを表彰するBrooks Prize（the best master thesis in the MIT Sloan School Management）を受賞した。

　「僕はそれまで知らなかったのですが，ある時，MITのMBAプログラムの建物を歩いていたら事務の女の人が僕を見つけて『アキラ，ちょっと来い』と声をかけてくれたのです。行ってみたらその事務員さんが『これを見ろ』と言ってクスマノの書いた推薦状を見せてくれたのです。『おまえのことをこんなに先生が推してくれている』と教えてくれました。それで賞をもらえてすごく嬉しかったです」（武石2013）

　ちなみに武石の修士論文はクスマノが編集した後，戦略論の最もランクの高いStrategic Management Journal（SMJ）に投稿され採択される。

　「SMJに掲載された意味は僕は当時全然わからなかった。クスマノが何か『やっとくから』と言って『ああ，そうか』と僕が言って，レフェリーからコメントが来て，『もうちょっと分析ができないか』とクスマノから言われて，僕から『急いでこっちでやったよ』と送り返しているうちに採択

されて掲載されました。それはそれで嬉しかったですが当時はあまり意味がわかっていませんでした」（武石2013）

博士課程進学を決めた「忘れられない瞬間」

　修士論文で最優秀賞を取り，一流専門雑誌に採択されるほどの研究をした武石はある日，クスマノから博士課程に進学することを勧められる。武石が日本に帰る直前のことだ。クスマノが食事でもしようと言ってMBAプログラムの教室がある建物の1階にある小さなカフェで武石は一緒に食事をしていた。食事をしながらの会話の中で「おまえ，この後，帰ってどうするんだ」とクスマノがたずねてきた。武石は当時，三菱総研に戻って3年は留学させてもらった恩返しをしないといけないと思っていたが，学部のころから興味があった国際機関に勤めてみたいという気持ちがまだあり，そのことをクスマノに話した。クスマノの反応は否定的だった。彼の妻が国際機関で働いていて苦労しているという。

　「国際機関はひどいからそういうところへの転職はやめた方がいい。それよりも博士課程に来ないか」

　それは思いもしない誘いだった。

　「そういう話をされたあたりから藤本さんも博士課程に入学したし，そういうのもあるかもしれないなと考えるようになりました」（武石2013）

　武石が博士課程に進学することを意識するようになったのは2年間過ごしたケンブリッジでの生活が楽しかったことに加えて，三菱総研に戻って管理職業務が多くなり調査の現場から自分が遠のき仕事がおもしろくなくなってきたからだった。しかしMITに戻りたいと心の底で武石に思わせたのは修士論文を書いている時に経験した，ある忘れられない瞬間があったからだった。

「質問票調査でデータを集めてエクセルに入力して散布図を作ったのです。当時マックのSE30というマシンを持っていたのですが，その小さな画面にものすごくきれいな散布図が出たのです。日本とアメリカと日系企業のデータポイントが３つのグループでものの見事に分かれていたのです。あれは本当に嬉しかった。図が出てきた時の喜びは本当にすごく大きかったです。それがすごく楽しかったというのがあって戻れるなら戻りたいと思っていたのだろうと思います。クスマノとは彼が1992年に一橋大学に客員准教授として滞在した時や日本に研究でやってきた時，一緒に食事をしたりして関係は続いていました。MBAを取って日本に戻ってすぐに父が亡くなってしまい，体調を崩した母を日本に残していかないといけないので心配だし，住宅ローンも残っていたし，博士課程に行けない理由を探せば簡単に見つけられたのですが……やはり行きたかったのでしょうね。あの散布図が出てきた本当にあの瞬間が忘れられなかったのです」（武石2013）

こうして日本に戻って三菱総研での３年の「ご奉公」を終えた武石はMITの博士課程に応募した。

　「他の所には全然行くつもりはなくて，クスマノとケンブリッジでもう一度，あそこで楽しいことができるのだったら行こうという思いでした」（武石2013）

武石は無事合格し，1994年に再びMITのキャンパスに戻ってくることになる。今度はIMVPから研究助成を受けIMVPの研究プロジェクトとして調査を行って博士号を取得する約束での留学だった。

博士研究

　武石にとって博士研究のテーマは研究財源がIMVPである都合上，自動車業界に関係するものであることが求められた。また日本に体調が優れない母を残してきたことや家のローンが残っているといった理由から博士はできる

だけ早く取りたいとも思っていた。そこで修士論文でも扱いそれまでの仕事を通じて興味を引かれた，部品取引における日本の自動車メーカー間の違いという問題を研究テーマにした。

　武石は修士論文で日本の部品取引の特徴を明らかにした。日本の自動車メーカーは重要な部品の生産・開発を部品メーカーに任せ，部品メーカーとは長期的，緊密な取引関係を結んでいるというものだ。武石は修士論文ではここまでで話を終えていた。

　そこで武石はもう一歩踏み込み自動車メーカーと部品メーカーとの間に存在するさらなる問題に注目した。実は日本企業の場合，多くの自動車メーカーがある部品をある特定の部品メーカーに任せている場合が珍しくない。しかも武石が行った部品メーカーへのインタビューによると，同じ部品を競合他社と取引のある同じ部品メーカーに任せながらも自社の競争優位につなげている自動車メーカーが存在しているようなのだ。

　企業には競争上重要な業務を外部の組織に任さざるをえない場合がある。重要な業務はできれば自身が手がければよいのだが余裕がない，あるいは自社よりも優れた成果を出す専門企業が存在するといった場合だ。そうした場合，競争相手と同じ専門企業を活用しなければならない。そんな状況でもライバルと同じ取引先に重要な業務を委託しながら競争優位へとつなげることは可能なのか。これが武石の問題意識となった。自動車メーカー間にある部品メーカーへの仕事の任せ方，管理の仕方の差は何なのか。それは本当に自動車メーカーの成果に影響を与えているのか。だとしたらどうしてあるメーカーはそれができて，他のメーカーはそれができずにいるのか。こうした謎を実証的に解明することに武石は博士研究で取り組んだ。

　日本の部品メーカーと自動車メーカーへの質問票調査と延べ約170人へのインタビューからわかったことは以下の通りだった。自動車メーカーが部品メーカーの開発分業を通じてより優れた，満足のいく成果を得ることができるかどうかは，部品メーカーとの関係（資本関係や売上依存度）に加えて，自動車メーカー側の担当者がその部品についてどれほど知っているか，また部品メーカーとの間で頻繁に直接面談を重ね，より前倒しで総合的に問題解決するように努めているかどうかにかかっていた。そうした問題解決ができ

るかどうかは自社の開発部門内や開発部門と購買部門との間で様々な調整が
うまくできているかどうかにかかっていた。さらに開発部門内部で調整が上
手にできるかどうかはプロジェクト全体をとりまとめる力を持ったリーダー
が存在するかどうか，部品設計を担当するエンジニアが相互調整を必要とす
る関連部品の設計業務を経験しているかどうかにかかっていた。このように
部品メーカーとの分業によって自動車メーカーがよい成果を得るためには外
的マネジメントと内的マネジメントの両方が重要ではあったのだが，内的マ
ネジメント（内部のまとまり）が外的なマネジメント（問題解決の作法）を
支える役割を持っていた。つまり，企業が直面するアウトソーシングから生
まれる課題を解く鍵は自分自身にあったのだ。アウトソーシングするには内
的なマネジメントこそ鍵を握るということだったのである。

　武石は以上の調査結果を博士論文として完成させ1998年（正確には1997年
12月）にMITから博士号を取得する。

就職し論文を発表

　武石の就職先は一橋大学のイノベーション研究センターだった。2年前に
同じMITの戦略分野で博士号を取得し一橋に就職していた青島から「うちに
就職しませんか」と声をかけてもらったのだ。一橋の印象はとてもよかった。
武石が日本に戻って三菱総研で働いている時，クスマノが1992年に客員准教
授で一橋に来ていて，クスマノに会う用事で一橋には行ったことがあった。

　　「国立駅の改札を出ると大学通りがきれいで『ここはいいところだな』と
　　思いました」（武石2013）

　藤本にも相談すると「それはすごくいいから是非行ったらよいのではない
か」と好意的な言葉をもらい一橋にお世話になることを決める。1998年のこ
とだ。
　一橋に就職した武石は博士論文を基に研究論文を書き専門雑誌に投稿した。
1つはStrategic Management Journal（SMJ），もう1つは組織研究の有名専

門雑誌Organization Science（OS）だ。SMJに投稿したのは延岡がクスマノと書いた1996年のSMJの論文がかっこよかったからだ。

　「一橋大のイノベーション研究センターは，当時は比較的研究に使える時間がありました。僕は基本的にミーハーな人間で，かっこいいかどうかが重要なんです。前の自分の研究がSMJに出た時にいいなと思ったんですね。英語の論文で，抜き刷りとかすごくきれいだし，ああいうのがあるといいなという感じです。先に発表されていた延岡さんとクスマノの論文もきれいでかっこいいなと思ったのです。クスマノと一緒に書けたらいいなと思ったのですが博士論文が終わって帰る時に，今度は一緒に論文を書くという話にはなりませんでした。クスマノは1993年にすでにテニュアを取っていたし一緒に書くインセンティブがなかったのかもしれません。自動車業界にもあまり興味がなかったのかもしれません。一緒に書くチャンスがなく残念だなと思いました。一緒には論文を書かなかったけれど，クスマノから博士論文を使ってちゃんと論文を書いて投稿しろとすごく言われて，やらなければならないと思ってSMJに出しました。2本目のOSは別にもう1本出そうと思っていたわけではないのですがたまたま論文募集（Call for Papers）の記事がOSに出ていたのを見つけたのです。今はOSをいつもチェックするということはなくなったのですが，当時はそこそこ真面目に見ていたのだと思います。その説明文にknowledgeというのがあって，そういえば僕はknowledgeをやっているなと思って，これだったら書けるかもしれないと思って挑戦したら採択されたという感じです。レフェリーが2人いて，1人はリジェクト（不採択）の評価だったのですが，もう1人が可能性を認めてくれて，エディターがチャンスをくれたのです。コメントもよくてそれに対応して採択されました」（武石2013）

　こうして武石は2本の英語論文を一流専門雑誌に掲載し国際的な舞台で活躍することになる。2020年7月15日現在でGoogle Scholarで見た被引用回数はSMJ掲載の論文が999，OSが542で立派な世界的成果となっている。

2020年MIT

　本章で見たように90年代，MITはIMVPから延岡，青島，武石という3人の経営学博士を輩出した。

　「あの頃は黄金時代（the golden age）だった」（クスマノ2019）

　多くの人間が日本の自動車会社や日本企業が何をしているかを知りたいと思い，それを知るために金を出す組織があり研究者になりたいと思う優秀な学生がいた。

　「しかし，今は全く事情が変わってしまった」とクスマノは続ける（クスマノ2019）

　まずMITが博士課程に合格させる学生数を半分にした。次に経済学や社会学のディシプリンをすでにしっかり身につけた学生しか入学できなくなり，しかもMITは日本の大学でのディシプリン教育は十分でないと見ているという。最後に研究者になりたいと思う日本人がほとんどいなくなった。延岡や武石はMITのMBAプログラムに来て能力の高さをMITの教員に認めさせてから博士課程へと進んだ。今もMBAプログラムに優秀な日本人は来ているが研究者になりたいと思う学生はいなくなってしまったという。

　MITの経営大学院博士課程に日本人が連続してやってきて世界的に注目される研究を発信する黄金期が再びやってくるのだろうか。それは誰にもわからない。

〈注〉
（1）　本章の記述は特に断りがない限り以下のインタビューを基にしている。
　　　延岡健太郎　2013年5月2日（本文では（延岡2013）で表記），2019年9月11日（本文では（延岡2019）で表記），2020年4月17日（メール，本文では（延岡2020）で表記）。

マイケル・クスマノ　2019年9月18日（本文では（クスマノ2019）），2020年4月19日（メール），2020年6月25日（メール）。

武石彰　2013年5月9日（本文では（武石2013）で表記），2019年9月10日（本文では（武石2019）で表記）。

青島矢一　2020年4月24日（本文では（青島2020）で表記）。

ダニエル・ルース　2020年4月20日（メール，本文では（ルース2020年4月20日メール）で表記），2020年4月21日（本文では（ルース2020年4月21日メール）で表記）。

藤本隆宏　2013年6月25日（本文では（藤本2013）で表記），2019年11月7日（本文では（藤本2019）で表記）。

(2)　ダニエル・ルースからの2020年4月21日のメールより。

(3)　Holweg（2007）423ページ。

(4)　Holweg（2007）425ページ。

(5)　延岡（1996）9～10ページ。

(6)　延岡（1996）9ページ。

(7)　延岡（1996）11～12ページ。

(8)　2020年6月25日のクスマノからのメール。

(9)　その後，西口は1989年までIMVPで働き，1990年にオックスフォード大学から博士号を取得している。『リーン生産方式』の中の自動車メーカーとサプライヤーの関係について論じた章は西口の研究成果が大きく貢献している。

(10)　武石彰（2003）『分業と競争』有斐閣，100～101ページ。

(11)　この話はあくまでMITの経営大学院に限った話である。他の研究科はこの限りではない。

〈参考文献〉

伊丹敬之・加護野忠男・小林孝雄・榊原清則・伊藤元重（1988）『競争と革新』東洋経済新報社。

武石彰（2003）『分業と競争』有斐閣。

武石彰・青島矢一・軽部大（2012）『イノベーションの理由』有斐閣。

延岡健太郎（1996）『マルチプロジェクト戦略』有斐閣。

藤原雅俊・青島矢一（2019）『イノベーションの長期メカニズム』東洋経済新報社。

Yaichi Aoshima (2002) "Transfer of System Knowledge across Generations in New Product Development." *Industrial Relations* Vol.41 No. 4 :605-628.

Alan Altshuler, Martin Anderson,Daniel Jones, Daniel Roos, and James P. Womack (1984) *The Future of the Automobile.* MIT Press（中村英夫他訳『自動車の将来』日本出版放送協会，1984年）。

Michael Cusumano (1985) *The Japanese Automobile Industry: Technology and Management at Nissan and Toyota.* Havard University Press.

Cusumano, Michael A. and Kentaro Nobeoka (1998) *Thinking beyond Lean: How Multi-project Management is Transforming Product Development at Toyota and Other*

Companies. New York, NY: Free Press.

Cusumano, Michael A. and Akira Takeishi (1991) "Supplier Relations and Management: A Survey of Japanese, Japanese-Transplant, and U.S. Auto Plants." *Strategic Management Journal* 12 (8) : 563-588.

Dyer, Jeffrey H. and Kentaro Nobeoka (2000) "Creating and Managing a High-Performance Knowledge-Sharing Network: The Toyota Case." *Strategic Management Journal* 21: 345-367.

Matthias Holweg (2007) "The Genealogy of Lean Production." *Journal of Operation Management* Vol.25, Issue 2.March :420-437.

Nobeoka, Kentaro and Michael. A. Cusumano (1995) "Multi-Project Strategy, Design Transfer, and Project Performance: A Survey of Automobile Development Projects in the U.S. and Japan." *IEEE Transactions on Engineering Management* Vol.42, No.4, November:397-409.

Nobeoka, Kentaro and Michael A. Cusumano (1997) "Multi-Project Strategy and Sales Growth: The Benefits of Rapid Design Transfer in New Product Development." *Strategic Management Journal* 18 (3) :169-186.

Takeishi, Akira (2001) "Bridging Inter- and Intra-Firm Boundaries: Management of Supplier Involvement in Automobile Product Development." *Strategic Management Journal* 22 (5) : 403-433.

Takeishi, Akira (2002) "Knowledge Partitioning in the Inter-Firm Division of Labor: The Case of Automotive Product Development." *Organization Science* 13 (3) :321-338.

James P. Womack, Daniel T. Jones, and Daniel Roos (1990) *The Machine That Changed the World*, Rawson Associates, New York（沢田博訳『リーン生産方式が，世界の自動車産業をこう変える』経済界，1990年）.

結章

研究のメタファーとしての登山

　本書では世界標準研究を行った日本人経営学者を中心に彼らの研究活動を複数の研究からなる一連のものとして記述してきた。その過程は人類未踏の高峰登頂に挑戦する登山の過程に似ていると言える。本書で取り上げた日本人経営学者が研究者の訓練を受け始めてから世界標準研究を発表するまでにかかった時間を見てみると次のようになる。伊丹は大学院進学から数えれば約20年（1967-1987），野中はカリフォルニア大学博士課程進学からで約25年（1969-1995），藤本は三菱総研で自動車関係の調査を始めた時を含めれば約10年超（1979-1991），延岡も10年超（1986-2000）だ。彼らは長い時間をかけ試行錯誤を重ねながら世界標準研究という高い頂に向かう登山に挑戦した。

　高峰登頂と言っても彼らは単独登頂を目指したわけではない。研究者はそこで奮闘する登山隊の一員のような存在だった。高い頂を目指し同じ志（問題意識）を持つ仲間たちがチームを編成し登頂を目指したのだ。もちろん，登頂は登山環境の厳しさやメンバー自身の体力や体調から全員が果たせるとは限らない。隊の中の残った数人，時に1人だけが登頂を成功させることになる場合もある。本書で見てきた世界標準研究を行った経営学者も研究仲間と共同で同じ研究テーマを追求したが，最終的には（翻訳協力者も共著者として含めると）すべて共著者と2人で多数引用される研究を発信していた。本章ではまず簡単にこれまでの内容を振り返ろう。

各章のまとめ

　第1章では伊丹敬之がトーマス・レールの手を借り，研究書Mobilizing Invisible Assetsを発表し，世界標準研究発表の登頂成功者となった。伊丹は吉原英樹を中心とする4人の共同研究をきっかけに日本企業に対する実証研究を本格化させていき，そこでの議論を通じて「情報的資源＝見えざる資産」の概念を着想していった。若手4人の共同研究が実質，参考にした研究はルメルトとペンローズの研究書2冊だけ，日本企業のデータを分析する中からユニークな分析枠組みを構築することに成功し，情報的資源を軸に発見物を整理してみせた。共同研究で見えざる資産という魅力的な概念を手にした伊丹はビジネス雑誌の記事をデータベース化し，KJ法的手法を使い帰納的に独自の経営戦略論を展開していった。最終的に伊丹が実質上，単独で世界標準研究を発表することになるが，4人の多角化プロジェクトがあってこその成果だった。

　第2章では野中郁次郎と竹内弘高が同世代研究者との共同研究を経て最後に，Knowledge-Creating Companyという著書で多回数被引用研究を発信した。[2]野中にとって加護野忠男，奥村昭博，榊原清則らと共同研究を行うようになったことが日米企業の経営を比較分析するという難度の高い実証研究に挑戦するきっかけとなった。書籍でなく論文を中心に，1人の著者を追いかけるのでなく著者横断的に，研究テーマにそった文献展望をする野中のスタイルは他の共同研究者に新しい研究アプローチを示すものだった。また，野中が持ち込んだスタイルは，文献展望はあくまで次に続く実証研究のための準備という位置づけで，従来の文献中心の研究に慣れていた共同研究者にとって画期的だった。文献中心の研究では展望する文献の位置づけ，解釈自体に価値があると考えそこで研究が終わっていたからだ。野中は加護野らと日米企業の比較研究を行った後，米国ハーバード大から一橋大に異動した竹内弘高を共同研究のメンバーに加え企業現場へのフィールド調査を積極的に行うようになる。さらに竹内が持ち込んだハーバード大のコロキアムで発表する研究プロジェクトを機に海外発信を意識するようになり，最終的に野中は竹内と知識創造を鍵概念とする世界標準研究を発表することになる。登山で

言えば野中と竹内が登頂成功者ということになるのだが，加護野らと行った
いくつかの共同研究が知の異種交配を誘発し彼の独創的理論構築へとつなが
るものになっていた。

　第3章では研究書 Product Development Performance をキム・クラーク
と共著で発表した藤本隆宏の研究過程を紹介した。登山隊で例えれば，もと
もとは登山隊の隊長はウィリアム・アバナシーだったのだが彼の死後，クラ
ークが隊長の任に就き現地に詳しい藤本を隊員に加え登頂を成功させたと言
えるだろう。藤本がクラークの指導の下，世界標準研究を行う過程は米国の
大学の研究者が博士課程の学生の協力を得て研究成果を上げていく典型的な
パターンだと言ってよいものだ。自分達だけではアクセスやデータ解釈が困
難な調査対象に対し現地・現場に詳しく，「言葉」が理解できる人物を博士
課程の学生として入学させ共同研究者として活動してもらうのだ。三菱総研
の仕事で日本だけでなく世界の自動車業界を熟知し，調査経験も豊富で関係
者との人脈もすでに持っていた藤本はアバナシーやクラークにとって格好の
若き有能なパートナーだった。藤本はクラークの期待を裏切ることなく自動
車企業にとって「奥の院」と言える入手困難な製品開発データを世界の主要
自動車企業を対象に見事，収集することに成功する。藤本は重量級のプロダ
クト・マネージャーの概念のもとに収集したデータを分析し，高い成果を上
げる自動車企業の製品開発の心臓部分を解明してみせたのだ。加えてクラー
ク・藤本の研究はアメリカを研究拠点としつつ，専門研究雑誌よりも書籍と
して発表することで多被引用回数を実現した点で示唆に富む事例だった。

　第4章では MIT の国際自動車研究プログラム IMVP を通じて発表された研
究に注目した。ハーバード大学の自動車プロジェクトでは教授に紐づいた研
究室単位で研究が行われていたが，IMVP は研究室単位にとどまらない。大
学や国を超える国際的プログラムだった。また，研究資金は産業界から研究
テーマは産学共同で考える異種交配を組織的に行う大規模な研究プログラム
だった。その IMVP から研究資金を得て博士課程の学生を指導したクスマノ
と共同研究を行った日本人3名のうち，延岡健太郎がとりわけ際立った多
回数被引用を記録する研究を行った。ダイヤーとの共著論文 "Creating and
Managing a High-Performance Knowledge-Sharing Network." だ。

自動車企業出身者である延岡は当時，活発に行われていた自動車業界研究が持つ学術的価値と実践的意味を深く理解し，学術的かつ実務的に有益な新しい分析枠組みの提示と実証研究を行っていった。クスマノとの共同研究は高ランク雑誌に掲載され，博士論文を書籍化したものは日本語版と英語版ともに高評価を得た。その上でそれら研究を超えて多回数被引用されるようになったのがIMVPを通じて知り合ったダイヤーとの共同研究だった。IMVPはクスマノと博士課程の学生との共同研究を支援しただけでなく，延岡とダイヤーのように大学を超えて同世代の研究者が共同研究を行うきっかけも提供した。またIMVPに参加した研究者は，研究成果を自動車業界の実務家と研究者に直接発表し，フィードバックを得ることができた。IMVPは研究の資源と読者・利用者・引用者を提供する公式組織として世界標準研究の重要な孵化器となった。

研究の方法，体制，発表方法

　これまで見てきた経営学者の研究活動の特徴は研究方法，研究体制，研究発表方法の３つの視点から整理するとわかりやすくなる。研究方法は研究を行う方法論であり，研究体制は研究のテーマを決め予算を獲得し研究を実行する組織や仕組みのことを意味し，研究発表方法は当該研究が対象とする読者，使用言語，発表媒体のことをここでは指す。本書で取り上げた世界標準研究を行った経営学者たちは従来の日本人経営学者のやり方とは異なった新規性の高いやり方で世界標準研究を行い発信していったと言える。経営学革新と呼べるような，新しい研究活動への挑戦が世界標準研究を生んだのだ。

従来の研究活動

　1970年代までの従来型の経営学研究は概ね，次のような研究方法，研究体制，研究発表方法で行われていた。研究方法は主に，研究者が外国文献を読み，紹介，解釈したものを発表する，いわゆる文献中心の研究だった。研究体制は１人の研究者が（大学院を修了した後も含めて）所属する（した）研究室

の教授の指導の下，博士研究につながる研究テーマを決め，研究室（時に自宅の書斎）で行うものだった。研究予算は大学からの研究費や文部省（今の文部科学省）から獲得する科学研究費を主な原資としていた。研究発表方法は日本語で論文は学内紀要への寄稿，成果がまとまれば研究書として発表するというものだった。

新しい研究方法

　以上のように行われていた研究活動に対し，本書で取り上げた経営学者たちは研究の方法，体制，発表方法という点で異なるやり方を導入して研究活動に革新を起こし，世界標準の研究を行っていった。研究方法では文献，特に1人の研究者による著書を中心に研究を進める様式から，データを収集・分析し発見物を獲得していく実証中心の研究へと移行した。文献を展望する場合は1人の研究者の著作の中身を紹介，解釈するものから著者横断的に研究テーマに関係する論文を展望するものへと変わっていった。しかも文献展望はそこで完結するものではなく次に続く実証研究を行う準備作業としての位置づけを持つものとなっていった。

　経営学者が採用した調査方法は対象企業に質問票を送付し，回収後，分析するサーベイ調査のような定量的なものに加え，企業現場にフィールド調査を行って仮説を発見する，事例研究に代表される定性的なものが積極的に活用されるようになった。調査対象は当初は日本企業を中心とするものだったが外国企業もデータ収集の対象となり，日本企業との比較研究も行われるようになっていった。

新しい研究体制

　研究体制については，研究者が単独で研究を行っていくものだけでなく，複数の研究者が同じ研究テーマに対しそれぞれが得意な分野で協力し研究を行う新しい体制が登場した。その体制は従来の所属講座の教授が見守る中，同一講座の若手研究者が研究を行う徒弟制的研究体制とはまったく異なるもの

で，同世代の研究者たちが大学の枠を超えて集い協力し合いながら異種交配し，切磋琢磨する中から研究成果を世に問うていくものだった。

　本書で取り上げた研究者たちの研究体制は，研究者が大学で所属する講座の枠に閉じられたものではなく外部に開かれたものだった。研究予算は大学からの研究費や文部省からの科学研究費だけでなく，日本生産性本部や民間企業といった多様な支援先から確保することを考えるようになった。また，経営学における研究テーマは学術的だけでなく実務的にも最重要なものが取り上げられることが望ましい。そのことは研究テーマに時代特殊性，つまりタイムリーさが求められることを意味する。そうした時代が要請する，あるいは時に時代を先取りする研究テーマを捉え，それに取り組んでいく研究体制は1つの大学，研究室に閉じられたものより外部に開かれたものであることが望ましい。本書で見られた大学を超えた研究者間の共同研究や産学共同研究は，そうした新鮮かつ重要な研究テーマの開拓，発見を可能とする組織的工夫であった。

新しい研究発表方法

　研究成果の発表はかつての日本語によるものに加えて英語で書いたものを発信するようになっていった。そうした動きは海外からの日本企業に対する関心が高まったことに対応するものだった。研究成果は論文だけでなく書籍で発表されるものが少なくなく，書籍は英語版が発表される場合は，事前に日本語で発表されたものがそのままの内容で英訳されることはなく，あくまで欧米の読者向け仕様に書き直され発表された。

　こうして新しい，研究方法，研究体制，研究発表方法で経営学に革新を起こし，本書が取り上げた日本人経営学者たちは世界標準研究を発信していった。

研究は1人でできる

　本章の最初に研究活動を人類未踏の高峰登頂に挑戦する登山に例えた。世

図表結-1　本書のまとめ

期間	1976年まで	1976-1987	1976-1995	1984-1991	1986-2000
中心人物		伊丹	野中	藤本	延岡
研究方法	文献中心	統計分析	統計分析・事例分析	統計分析・事例分析	統計分析・事例分析
研究対象	欧米文献	日本企業	日米企業	日欧米企業	日欧米企業
研究体制	個人	大学横断的プロジェクト	大学横断的プロジェクト	大学	産学共同プログラム
発表方法	紀要・本	本	本	本	論文
教育を受けた大学		カーネギー・メロン	カリフォルニア大学バークレー校	ハーバード	MIT

界標準研究を発信する研究者は結果的に１人となる場合もあるかもしれない。しかし本書で見てきた世界標準研究に行き着く研究過程では研究仲間との共同研究が重要な役割を演じていた。大学や専門分野の枠を超えた異種交配が新しい研究の機会や展望を与えることが少なくなかった。

　世界標準研究を行った日本人経営学者への聞き取りを行っていた同じ頃，日本語による経営学の研究書として非常に評価の高い業績を上げた年長経営学者から話を聞く機会があった。それは本書で取り上げた共同研究の意義を考えるにあたって大きな気づきを与えてくれるものだった。彼は1970年代，米国の大学に在外研究に行き大きな刺激を受けた。彼は帰国後，日本の企業や消費者に関する実証分析ですばらしい研究成果を発表していくのだが，質問票の作成の仕方や実証分析の仕方は日本でなく米国で学んだのだという。

　「海外の査読付き雑誌に論文を投稿されることはなかったのですか」と著者は質問した。彼の答えは次のようなものだった。

　「アメリカ滞在中に２本ほど英語で書いて投稿しました。でも両方とも不採択でした。アメリカで知り合った若手アメリカ人研究者からコメントをもらって，彼から『もう１回，挑戦したら』と言われたのですが，その気になれず投稿することをやめてしまいました」

　実は当時，米国の同じ州の大学に同年代の若手日本人経営学者が在籍し計

量系の研究で英文査読付き雑誌に論文を発表していた。その同世代研究者と共同研究していれば雑誌への投稿の仕方や査読者のコメントへの回答の仕方など教わることが多く，そうした経験を蓄積して英文雑誌に連続的に研究を発表することができるようになったのではないか。ひょっとしたら世界標準研究を発信できたのではないか。そう思った筆者は「（同じ州の大学で研究していた）同世代の日本人研究者の方と共同で研究してジャーナルに投稿することは考えなかったのですか」と彼に再度，質問した。その答えが非常に印象的だった。「彼と共同研究しようとはまったく思わなかった。だって，そんなことをしなくても僕1人でできるのだから」

1人ではできない研究

　本書で紹介した世界標準研究を発信した日本の経営学者たちは確かに個人として研究能力が非常に高い研究者たちだった。例えば，全員が米国のPh.D.コースに合格し，博士号を取得後，博士論文を書籍化しているが，すべての書籍が専門や学会にとらわれない優れた研究書だけに与えられる日経・経済図書文化賞を受賞している。

　しかし，世界標準研究は，多くの場合，1人の研究者では手に負えない難度の高い研究に挑戦して初めて生まれるものだ。それは1人では到底，登頂成功がかなうはずがない人類未踏の高峰登頂に挑戦するようなものだ。本書で取り上げた経営学者たちの話を思い出せば，世界標準研究を行う過程で共同研究を行うことは必須だったと思わざるをえない。彼らが取り組んだ研究課題は多くの場合，研究者1人では一定の時間内に答えを出すには難度が高すぎるものばかりだった。

世界標準研究の心臓部に内蔵されていたもの

　成果が出るとわかっているなら誰でもそのために時間を費やすことに躊躇しないだろう。しかし，世界標準研究は，取り組んだからと言って必ずしも成果が出るとは限らない問いに挑戦する中から生まれるものだ。世界標準研

究を目指す研究者にはそうした高い難度の課題に挑戦する勇気と成果が出ず投入した時間が無駄になっても後悔しない覚悟が必要だ。

　登山隊を編成する場合，メンバー構成と隊員間の関係は登頂の安全性や成否を大きく左右する。それと同じように世界標準研究を発信する土台となる共同研究のメンバー構成や研究者間の関係は研究の成否を分ける要素になる。そうした視点で世界標準研究にかかわった共同研究者たちのメンバー構成や関係を見てみるといくつかの特徴があったことがわかる。

　まず共同研究のメンバーに米国の大学の博士課程プログラムで訓練を受けた研究者が少なくとも1人は含まれていた。伊丹，野中，クラーク，クスマノといった研究者だ。彼らは米国の博士課程プログラムの「高水準の品質管理のもと製造され」，欧米型の研究スタイルに通じた研究者たちだった。

　第二に，1人の研究者に対して生まれた尊敬の念が共同研究へとつながるきっかけとなっていた。伊丹が吉原に，加護野，奥村が野中に，藤本がアバナシー（そしてクラーク）に，延岡がクスマノに対し抱いた尊敬が起点となり共同研究が始まり推進されていった。

　第三に共同研究が進むにつれて研究者間で友情が醸成されていった。研究を単なる仕事を超えた楽しみの源にできたのは共同研究者間で利害を超えた友情が芽生え醸成されていったからだ。第2章で取り上げた，野中の「僕らは今でも戦友というコンセプトです」という言葉は印象的だ。

　前述のように，世界標準研究を発信するには，知的な好奇心や冒険心，研究能力だけでなく時代が解答を求める問いに答えを与えたいと挑戦する勇気と覚悟が必要だ。しかしそれだけでは十分ではない。そこには研究成果の受け手となるコミュニティを熟知する者がいて，同じ志を持った研究仲間同士は尊敬と友情で心的につながっていることも重要なのだ。こうした人間臭い特性が共同研究の心臓部に内蔵されているからこそ，共同研究から抜け出し世界標準研究を発信するのが1人だけとなった場合でさえ仲間たちはその人物に賞賛の拍手を送ろうとするのだ。

エンドロールが終わった後で

　本書の結論は先のようなものになるのだが，ここで終わらず，筆を進めることをお許しいただきたい。もちろん以下を読まなくても本書はここまでで完結している。以下は映画で例えれば，エンドロールが終わった後に登場する本編の続きのようなものだと解釈してもらえばよい（映画のそれと比べればずいぶん長い「続き」となるのだが）。興味のない読者はここで読み進めることをやめてもらってまったく支障はない。

　ここまで紹介してきたように，本書で取り上げた日本人研究者たちは尊敬し友情を育む研究者との共同研究によって世界標準研究を発信していった。では，同じような事例は日本人以外で他にないのだろうか。

　実は筆者は米国の大学（MIT）の博士号取得者なのだが，筆者の指導教員だったエリック・フォン・ヒッペル（Eric von Hippel）の研究業績を確認してみた。すると彼の場合も本書で取り上げた4人の日本人研究者と同様に，最も多回数引用されている上位2つの研究は書籍で発表されていた。それは，被引用回数の多い研究を目指すなら書籍での研究発表を考える必要はないといった考え方が必ずしも成立しないことを示唆するものだった。しかもフォン・ヒッペルの2冊の研究書の多被引用回数はどちらも1万を超えていた。日本人であれば第2位にあたる被引用回数だ。

　以下に紹介するように，父がドイツ出身の米国人，フォン・ヒッペルは博士課程の学生だけでなく他国，特にドイツ語圏の大学の教授就任前の若手研究者との共同研究を通じ知識の異種交配を行い，世界標準研究を発信していった。共同研究をする研究資源としてだけでなく，自身が発表する研究の読者，引用者として研究者コミュニティを創造し再生産していった。研究体制と研究発表方法がインフォーマルに組織された研究者コミュニティを基礎とした点で独自性を持ったものだった。

　筆者は1994年以降，フォン・ヒッペルの研究が被引用回数の数字を増やしていく過程を間近で見てきた。彼が中心となり構築した研究コミュニティを基礎とする研究（発表）体制は，日本人経営学者が世界標準の経営研究を今後行っていく上で示唆に富むのではないか。そう筆者は考え，以下で日本人

経営学者による研究を補完するものとしてフォン・ヒッペルの研究活動について紹介することにしたい。米国の大学を研究拠点にするアメリカ人研究者の中にも共同研究を通じ研究活動，特に新しい研究体制と研究発表方法を創造することで世界標準研究を発信する者がいることを紹介したい。結章の後半で紹介するには長い話となるが読者にお付き合い願いたい。

MIT発のもう１つの研究コミュニティ[(3)]

　ここからの中心人物はMIT教授でイノベーション研究を専門とするフォン・ヒッペルだ。彼は前章で青島矢一にボストン大学にも願書を提出するようアドバイスした人物でもある。先に述べたように，彼は２つの被引用回数1万回を超える研究書を発表している。１つは1988年に上梓されたThe Sources of Innovation（榊原清則訳『イノベーションの源泉』ダイヤモンド社1991年）で，もう１つは2005年に上梓されたDemocratizing Innovation（サイコム・インターナショナル訳『民主化するイノベーションの時代』ファーストプレス）だ。特に後者の研究は研究者コミュニティを創造，再生産する中で多回数被引用を実現したものでここで注目している研究だ。

子供時代からMIT就職まで

　フォン・ヒッペルは1941年，マサチューセッツ州ウェストン生まれで，子供の頃から発明家だった。例えば，高校の時に小型で省スペースのテープレコーダーを発明しコンサルティング企業にデザイン案を持ち込み採用されたことがあった。

　幼少期から，発明家であり続けたいと願っていたフォン・ヒッペルはその後，ハーバード大学の経済学部に入学

■写真12　エリック・フォン・ヒッペル

する。しかし，彼の言葉によればハーバードで「発明」が話題に出ることはほとんどなかったこともあり，彼はMITの機械工学の修士課程に進むことにする。日本では文系から理系への進学は難しいというイメージがあるがフォン・ヒッペルは困難だとは感じなかった。「数学はあまり得意じゃなかったけど（笑），そんなに大変ではなかった」と彼は言う（フォン・ヒッペル2012年5月11日）。

　フォン・ヒッペルは修士修了後，知人数人とベンチャー企業を設立する。彼は会社経営に携わりながら自分が本当に取り組みたいことは何なのだろうと考え続けた。イノベーションが生まれる仕組みを知りたいと思うようになったこと，自分の父がMITの物理学の教授で研究者であったこと，そしてフォン・ヒッペル家の歴史（学者になる人が多く，実際，彼以外にも兄弟のうち2人が学者になったそうだ）といった3つの理由が重なり，彼は研究者になる道を目指そうと決意する。

　3年間の実務経験の後，フォン・ヒッペルはカーネギー・メロン大学の博士課程に入学する。カーネギー・メロン大学に進学したのはMITに就職したかったからだ。アメリカの大学教員の採用では同じ大学で学位を取得した者が対象となることはまれだ。だから意図的にMITでないカーネーギー・メロン大学を選んだのだ。しかも，彼は一般的に博士課程を修了するには4年はかかると言われているところ，1年でイノベーション博士の学位を取得する（1974年）。指導教員は機械工学とエンジニアリングデザインを専攻するドワイト・バウマン（Dwight Baumann）だった。そんな短期間で博士課程を終えることができたのは，会社を経営している時，社内イノベーションはどのように起こり，どのような結果になるのかというデータを集めていたからだった。おかげで博士課程に入った後はデータを分析し論文を書くだけだった。博士課程をスピード卒業したフォン・ヒッペルは，自分が思い描いていた通り念願のMITの教員となる。

ユーザーイノベーション研究につながる原体験

　フォン・ヒッペルが生涯の研究テーマであるユーザーイノベーションの研

究を始めたのはMIT就職直後からだった。彼の博士論文のテーマは社内ベンチャーだったのだが，本人は「会社（メーカー）はイノベーション活動の中心ではない」と思っていた。彼にはユーザーイノベーション研究へとつながる原体験が2つあったのだ。

　1つは12歳の時の出来事だった。先述のように彼の父のアーサー・フォン・ヒッペルはノーベル賞級の仕事をしたMITの有名な物理学者だったので子供の頃，父にしばしば連れられてMITの実験室で1日を過ごしていた。そこで研究者たちは自分が追求する研究テーマの実験を行うために自ら科学器具を開発していて，実験器具が器具メーカーでなくユーザー（科学者）によって発明されていた。

　イノベーションはメーカー以外の者が行う時があるとフォン・ヒッペルに思わせる出来事が彼のベンチャー経営時代にもあった。製品開発上，どうしても必要な部品があったためフォン・ヒッペルは部品業者の元に行き，「御社で現在作っておられない製品が必要なんです」と申し入れた。するとどこの業者も口を揃えて次のように答えたという。「とんでもない。あなたの会社に必要なのは，うちが販売している製品ですよ」と。「実に妙な話だった」とフォン・ヒッペルは言う（フォン・ヒッペル2012年5月11日）。

　例えば，市販のどの製品よりも優れた機能を持った小型のファンが欲しくなった時だった。フォン・ヒッペルはファンメーカーに自分が必要とする仕様通りに小型ファンを開発し，売ってくれるよう頼みに行った。「ぜひとも必要なんです」とお願いするのだが，メーカーの答えは「いいえ。当社の標準的なファンで間に合うはずです」というものだった。そこで「いや，駄目なんです」と言い返すと，今度は次のような答えが返ってきた。「ご要望の物は作れませんね。自然の法理に逆らっていますから。今，販売している物を買ってもらうしかありません」

　仕方がないので，フォン・ヒッペルはプリンストン大学に行き，空気力学の専門家に頼んで欲しいファンを設計してもらった。そしてその設計図を先のメーカーに持って行くとこう言われた。「承知しました。作りましょう。ただし工具はそちらで調達してください。それと1度に1万個分の料金をいただきますよ。それから……」と渋々いくつかの条件つきで引き受けてくれる

ことになった。ファンが必要だったフォン・ヒッペルはすべて条件をのんだ。「出来上がった製品はすばらしいものでした」と彼は言う（フォン・ヒッペル2012年5月11日）。

　それから数週間後のこと，興味深いことが起こった。製品化にいろいろ条件をつけてきたファンメーカーの代表が電話をかけてきたのだ。それは，フォン・ヒッペルの会社が使っているファンに多くのニーズがあることがわかったので製造に必要な工具類を使わせてもらえないかというものだった。フォン・ヒッペルは「喜んで。製造責任者と話をしてください。彼が手はずを整えてくれるはずです」と答えた。その通りに手はずが整うと，その後，まもなくその企業が宣伝を始めた。要約すると次のような言葉が書いてあったという。「お客様のニーズを十分調査した結果，この新タイプのファンが求められていることがわかりました。もちろん当社は，大事なお客様のためにそのファンを開発しました」

　フォン・ヒッペルが持ち込んだ設計図を製品化しただけなのにそのメーカーは自分達が開発したものと宣伝していたのだ。

　フォン・ヒッペルは次のように言う。

　「これは私にとって，とても興味深いことでした。心の中で思いました。この場合，（社会的通念になっている，メーカーがイノベーションを行うという）メーカー中心のイノベーション・モデルは通用していないと思いました。ところが，このモデルを強固に信じているので，ファンメーカーは自分がイノベーションをしたのだと思いこんでいたのです」（フォン・ヒッペル2012年5月11日）

ユーザーイノベーション研究の本格化

　すべての製品とは言えなくてもイノベーションが起こる場所はメーカー内部でなくユーザーかもしれない。自身の経験から問題意識を持ったフォン・ヒッペルはまず，ユーザーがイノベーションをしている少年時代の記憶がある科学機器で自分の仮説を実証してみせた。その研究は1976年にResearch

Policyに掲載された「科学機器のイノベーション過程におけるユーザーの支配的役割」という論文だ。科学機器分野の77%のイノベーションはユーザーによって行われていた。

雑誌の査読者からの反応は好意的だった。科学機器のような分野ならそんなことがあるかもしれない，というようなものだった。

「データの収集と分析は注意深くしたから，確かにそういうことがあるだろうと納得してくれた感じでした。ユーザー（科学者）がイノベーションをする『そんな特別な事例がある』ことがわかった，という感じじゃなかったかと思います」（フォン・ヒッペル2012年5月11日）。

ここからフォン・ヒッペルのさらなる探求が始まる。科学機器だけでなく生産用装置でもユーザーがイノベーションを行っていることを体系的にデータ収集し明らかにしていったのだ。

リードユーザー研究

またフォン・ヒッペルはどのようなユーザーがイノベーションを行うかについても明らかにした。そこで発見した革新的ユーザーを彼はリードユーザー（lead user）と呼んだ。イノベーションを行ったユーザーのデータを整理していて，一般ユーザーのニーズを先取りした形で自覚し，そのニーズを満足させるためにイノベーションを行うユーザーの存在に気づいたのだ。

フォン・ヒッペルはこのリードユーザーという概念の有効性を質問票調査を通じ実証している。その調査を一緒に行ったのがMITの同僚，グレン・アーバン（Glen Urban）だった。

アーバンはマーケティング研究（特に新製品の市場予測）の分野で知らない人はいないほどの権威だ。フォン・ヒッペルとアーバンはMITで「マーケティングとイノベーションの接点」という名前の講義を一緒に担当していた。

「グレンとは講義の合間によく話をしていて，研究者って話していると最

後には研究の話になるものです。そこで私がユーザーイノベーションのデータを見ていてリードユーザーという特定のユーザーの存在に気づいたという話をしたのです。グレンはその話を聞いて『データをそんな見方で見たことはなかった』と興味を持ってくれました。それで2人でリードユーザーという概念を実際に測定し，その有効性について実証しようという話になったのです」（フォン・ヒッペル2012年5月11日）

リードユーザーの研究は数量分析系で評判が非常に高い専門雑誌Management Scienceに採択されることになる。1988年のことだ。実はフォン・ヒッペルとアーバンは最初，マーケティング系の雑誌に投稿したのだが結果は不採択だった。

「マーケティング研究者にとってユーザーはメーカーの作ったものを選択・購入し消費するだけの受け身の存在でしかなかったのです。だからユーザーがイノベーションをするという考え方を受け入れ難かったのだと思います」（フォン・ヒッペル2012年5月11日）

アーバンは雑誌の編集者からの不採択の手紙を見て非常に驚いた。「マーケティングはグレンの専門分野だから驚きますよね。もっと理解を示してくれると思っていたみたいです。それで仕方ないので研究開発系の雑誌に投稿することにしました」とフォン・ヒッペルは投稿先の変更を説明する（フォン・ヒッペル2012年5月11日）。こうした一連の発見物を整理し，1冊の本にまとめたのがThe Sources of Innovation（『イノベーションの源泉』（1988年）：以下，「源泉」）というタイトルの本だ。

フォン・ヒッペルの本を仕上げていく過程は1つの研究テーマについて1本，また1本と論文を書き上げ専門雑誌に投稿し，掲載された論文を部品として統一的な枠組みでまとめていくというやり方を取る。論文（部品）の単なる寄せ集めの論文集でなく，統一感がありかつ論理的なつながりが最初のページから最終章に向かい順に展開されていくのが彼の研究書の特徴だ。この「源泉」もその方法で完成された。「源泉」の研究は認められフォン・ヒッ

ペルはMITのテニュア（終身雇用資格）を獲得することになる。ただし，この分野が多くの研究者を魅了するようになるには，その後10年以上待たなければならなかった。

3Mプロジェクト

「源泉」発表後，フォン・ヒッペルは新たなる研究の旅に出る。1980年代後半から1990年代前半，フォン・ヒッペルは「源泉」ですでに発表していたリードユーザーに関する研究に取り組んだ。

ユーザーイノベーションと言っても一般のユーザーが行うわけではない。リードユーザーという特定のユーザーがイノベーションを行うというのが「源泉」での主張だった。

「源泉」はリードユーザーの存在とそうした特定ユーザーが革新的アイデアを生み出すことを実証していた。ただしリードユーザーを製品開発に組み込む手法（リードユーザー法）が事業の現場で有用かどうかは誰も実証していなかった。そのことを証明したのが3Mプロジェクトだった。

フォン・ヒッペルはエンジニアリングの勉強をし，ビジネススクールの教員だということもあり，自分の提唱した手法が実務で役立つかどうかということに関心があった。当時，コンサルタントで現在，ハンブルグ工科大学のコーネリアス・ヘルシュタット（Cornelius Herstatt）とパイプハンガーを対象にリードユーザー法を応用したことはあったが，その場限りの報告になっていた。その後もノーザンテレコムやIBMでリードユーザー法を実践してもらおうと思ったがうまくいかなかった。そうする中，IBMの社員が3Mのメアリー・ソナック（Mary Sonnack）を紹介してくれた。これが大きな突破口となった。

「3Mのプロジェクトでは彼女の存在が大きかったです。MITに1995年に客員研究員として在籍してユーザーイノベーションについて十分，理解した上で，3Mでリードユーザー法を実践してくれました。おかげでリードユーザー法と伝統的な製品開発とをプロジェクト単位で比較調査すること

ができました」（フォン・ヒッペル2012年5月11日）。

　3Mプロジェクトにはマーケティング研究者でペンシルバニア州立大学の
ゲリー・リリアン（Gary Lilien）が参加していた。リリアンに声をかけた理
由はリードユーザー法の有効性を証明するのに，マーケティング分野ですで
に権威を持っている研究者に入ってもらいたいとフォン・ヒッペルが思った
からだ。しかも彼はリードユーザー法の有用性を信じるバイアスがかかって
ない人がメンバーに入っていてくれるのが必要だと思っていた。アーバンは
すでにフォン・ヒッペルと共同論文を書いていたので，リードユーザー法の
有用性を信じる側にバイアスがかかっていると周りから思われるだろうと最
初から声をかけなかった。リリアンは1981年までMITのマーケティングの
教員だったのでフォン・ヒッペルとは旧知の仲で，ユーザーイノベーション
に対する偏見もなかったから声をかけた。「『調査を一緒にしよう』って言っ
たら，『いいよ』という感じでした」とフォン・ヒッペルは言う。
　3Mプロジェクトによってリードユーザー法は伝統的製品開発手法に比べ新
規性・独自性の高い製品を生み出し，高い販売成果を実現することが実証され
た。ただし，リードユーザー法を使ったプロジェクトと伝統的手法を採用し
たプロジェクトを厳密に比較しようとすると，その他の属性に差がなかった
ことを確認しなければならず，それが非常に時間と手間がかかるものだった。
その大変さに3Mプロジェクト研究が終わって研究がManagement Scienceに
採択された直後に，フォン・ヒッペルが『あー疲れた。もうこんな調査はし
たくない』と言っていたことを筆者は今でも覚えている。
　こうした努力が報われ3M研究は厳格な科学的方法で検証していないと掲
載されることがない一流ジャーナル（Management Science）に採択された 。
そのことの意義は非常に大きかった。商業的に魅力ある製品イノベーション
を行う上でリードユーザー法が非常に有望であることに疑問をはさむ余地が
なくなったからだ。

実務家へのリードユーザー法の紹介

　3Mプロジェクトの成果は実務家にも紹介されることになる。その仕事に貢献したのはフォン・ヒッペルの下で博士研究を行いハーバードビジネススクールで現在，教授をしているステファン・トムケ（Stefan Thomke）だ。トムケは1988年にオクラホマ大学で電子工学の学士を取得した後，1993年，MITでオペレーションズ・リサーチと経営学の共同修士プログラムを修了し，1995年に同大で「電子工学とマネジメント」の博士号を取得している。指導教員はフォン・ヒッペルでコンピュータ上のシミュレーションよりも実際に行う実験の方が，予測結果がよいものになる条件を明らかにする研究を行った。

　トムケは博士論文を書き上げた後，ドイツのマッキンゼーに就職したのだが彼を大学の研究者に引き戻したのはフォン・ヒッペルだった。

　「なんだか変な感じでした。ステファン（トムケ）は教授職に就くべきだと私は思って『君は教授になるべきだ』と言ったのですが，彼は『いや，いや大学教授なんて実際は実業界に対して何も影響力を持ってないから駄目だよ。それに比べてコンサルタントは何だってできる。彼（彼女）らはすばらしい人々だ』と言ってドイツのマッキンゼーに行ってしまいました。彼の最初のプロジェクトはポルシェ関係のもので彼は心底気に入っていました。彼はポルシェが大好きだったからです。私は彼と連絡を取り合っていてある日，『調子はどうだい』って聞いてみました。『すばらしいよ。仕事は全部，ポルシェ関係のことで，本当に気に入っているよ。僕はやっぱり正しい選択をしたと思う』と言っていました。私は『わかったよ』とだけ言ってあとは何も言いませんでした。それで彼が次のポルシェとは違うプロジェクトに取りかかった時に電話しました。『ステファン，どんな感じ』っていう感じで。彼は『ひどい状態だよ。ここから脱出しないと』というようになっていたので，私は教授職に就くことをもう一度，勧めました。彼は考え直して結局ハーバードで働くことになりました」（フォン・ヒッペル2019）

トムケはハーバードに職を得た後，フォン・ヒッペルとソナックと共著で
3Mプロジェクトについて"Creating Breakthroughs at 3M"というタイト
ルの論文を実務家向け雑誌ハーバードビジネスレビューに発表した。またリ
ードユーザー法の中身を具体的に紹介するノートをハーバードビジネスス
クールの教材として2000年に発表した。こうしてリードユーザー法は研究者だ
けでなく実務家にも実務上有益な製品開発手法として広く知られるようにな
っていくことになる。

オープンソースソフトウェアに関心を持つ

「源泉」発表後，フォン・ヒッペルはユーザーイノベーションの対象範囲を
拡大していく。それまでの産業財だけでなく消費財も，ハードウェアと同様
にソフトウェアも視野に入れて研究を進めていくのだ。また分析単位もそれ
までの行為者（企業）や業界という単位だけでなく，コミュニティという単
位でユーザーイノベーション現象を捉えるようになっていく。

フォン・ヒッペルは2000年前後にオープンソースのソフトウェア開発に興
味を持つようになる。きっかけを作ったのは，現在，ハーバードビジネスス
クールの教授をしているカリム・ラクハニ（Karim Lakhani）だった。ラク
ハニは1993年にカナダのマクマスター大学の電子工学とマネジメントで学士
号を取得した後，1997年までGEで営業，マーケティング，製品開発といった
分野を担当した。その後，1999年にMITの「科学，技術及び政策（Science,
Technology and Policy）プログラム」で修士号を取得したのだが，この修士
プログラムの生徒だった時にフォン・ヒッペルの授業に出席していたのだ。

ラクハニはフォン・ヒッペルの講義でユーザーイノベーションについて説
明を聞いた。話を聞いて思い当たることがあった。彼はGEで医療画像の仕
事をしていたのだが，ユーザーがオープンソースのソフトウェアを使ってい
てそれがGEのソフトより優れていたのだ。ラクハニは授業後，フォン・ヒ
ッペルのところに行き，自身の経験を話した。話を聞いたフォン・ヒッペル
はユーザーが自分にとってのソフトの不具合（問題）を自分で直す（解決す
る）というのはまさに自分がそれまで研究対象にしてきたもので，オープン

ソースソフトウェアにかかわる現象は非常に重要だと思った。そこで，フォン・ヒッペルは早速オープンソースについてラクハニと一緒に勉強を行うことにした。その後，ラクハニはフォン・ヒッペルの勧めでMITの博士課程に入学しフォン・ヒッペルと共同でオープンソースについての優れた研究成果を発表するようになる。[4]

このように2000年までフォン・ヒッペルがユーザーイノベーション研究を行う仲間としていたのは博士課程の学生だった。優秀でユーザーイノベーションの研究に興味を持つ学生に声をかけMITの博士課程に入学してもらい，その博士の学生と一緒に自分が重要だと思うユーザーイノベーション研究の課題に取り組んできたのだ。例えば，先述のハーバードビジネススクールで教授をしているステファン・トムケとカリム・ラクハニがそうだ。

転機

こうして2000年までのフォン・ヒッペルは博士課程の学生とユーザーイノベーションの研究を「細々と」続けていたが，そこに転機が訪れる。その転機の鍵を握った人物はディートマ・ハーホフ（Dietmar Harfoff）だった。彼はドルトムント大学の機械工学部を卒業した後，1987年にハーバード大学のケネディスクール（公共政策大学院）で修士号を取得し，その後，MITの博士プログラムに入学し，1991年にフォン・ヒッペルの下で博士論文を提出していた。

「ドイツから，後にMITの助教授になるステファン・シュレーダー（Stephan Schrader）がマックロイ奨学金制度（McCloy　Fellowship）と呼ばれる制度でハーバードのケネディスクールに来て勉強していました。その時，彼はMITの私の授業（ハーバードとMITは単位互換制度がある）を受けていました。ある日，ステファンが同じフェローシップで来ていたディートマを私のところに連れてきて紹介したのです。それがきっかけでディートマはMITの博士課程に入学し，私を指導教員に選びました。ディートマを私に紹介したステファンはMITで数年教えた後，ドイツに帰って大

学の先生をしていたのだけれど，残念ながら1997年に脳腫瘍で亡くなって
しまいました」（フォン・ヒッペル2019）

　MITで博士号を取った後，ドイツに戻り欧州経済研究センターやマンハイ
ム大学を経てハーホフは1998年にミュンヘン大学（ルートヴィヒ・マクシミ
リアン大学ミュンヘン）のシュレーダーが務めていた教授ポストに就任する。
就任後，ハーホフは同大でハビリテーション（Habilitation：アメリカの大学
でのテニュアに相当するもの，教授としての終身雇用資格を得られるもの）
の資格審査のための論文を書いている若手研究者の世話役を前任者から引き
継ぐことになる。その若手研究者がニコラス・フランキー（Nikolaus Franke,
現ウィーン経済大学教授）だった。彼は当時，ハーホフが働くミュンヘン大
学で博士号を取った後，助教授として働いていた。フランキーの履歴書を精
査したハーホフはフランキーに不足しているのは海外経験だと気づき，フラ
ンキーにアメリカに渡りMITに行って一緒に研究をしたいと思える研究者が
いないか面談の機会を持ってもらい調べてくるよう強く勧めた。

フランキー，フォン・ヒッペルと出会う

　ハーホフのアドバイスに従いMITを訪問したフランキーは，そこで働く多
くの研究者の話を聞いた。ジョン・ハウザー（John Hauser），ジェームス・
アッターバック（James Utterback），トム・アレン（Tom Allen），エドワー
ド・ロバーツ（Edward Roberts），ダン・アリエーリー（Dan Ariely）とい
った錚々たるメンバーだ。その中でフランキーの心を捉えたのがフォン・ヒ
ッペルだった。その時のことをフランキーは次のように語る。

　「エリック（フォン・ヒッペルのファースト・ネーム）の研究はもちろ
ん前から知っていましたし魅力的だとわかっていました。でもエリックに
実際会って，彼の熱意，知性，構想力に触れることはまったく次元が違う
ものでした。ユーザーイノベーション研究がまだこれから大化けする分野
だと感じるだけでなく，エリック自身に魅了されてしまったのです。エリ

ックはリードユーザーそのもののような革新的で創造的な人物でした。私は小さいころから先駆者や発見者が大好きでしたがまさに彼がそうでした。だから彼が面倒を見るから来ないかと申し出てくれた時はまったく何の躊躇もなく受けることにしました。もちろん彼の人間的温かさや親しみやすさも関係していました。彼はそういう人なのです」（フランキー2020年5月2日）

　こうしてフォン・ヒッペルから客員研究員のオファーを受けたフランキーをハーホフはMITに送り出す。フランキーはMITでエクストリーム・スポーツやアパッチ（Apache）開発を対象に優れた研究を行い，その後，ヨーロッパに戻ってから優秀な弟子を育て，ユーザーイノベーション研究の輪を広げていくことになる。

フォン・ヒッペルとの共同研究

　フランキーは次のように語る。

　「2000〜2001年にMITに滞在している間，私はエリックと頻繁に会って共同研究をしました。"Satisfying Heterogeneous User Needs via Innovation Toolkits: The Case of Apache Security Software"（Research Policy　2003年）と"Finding Commercially Attractive User Innovations: A Test of Lead User Theory"（Journal of Product Innovation Management 2006年）が当時の共同研究から生まれた直接の成果です」（フランキー2020年4月30日）

　前者の論文はフォン・ヒッペルが提唱するツールキットの考え方でソフトウェアでのユーザーイノベーションを考察したものだ。ここでいうツールキットとはユーザーが自身のニーズに合わせ当該製品やサービスの仕様を自分自身で設計できる道具のことだ。例えば，ジョギング愛好者がネット上でメニューにある部品を組み合わせ自分仕様のスポーツシューズを設計し，購入

できる仕組みを想像してもらえばよい。

　ツールキットを研究テーマにする前段階に次のような経緯があったとフランキーは言う。

　　「私のメンター（博士論文の指導教員）だったエバハルド・ヴィッテ
　　（Eberhard Witte）は，ドイツ語圏で研究者として就職することを考えて，
　　マーケティングの全体像を教えることができることを一目で示せる広い研
　　究トピックを選ぶようにアドバイスをくれていました。そこで科学哲学の
　　視点からマーケティング分野を分析する作業を始めたのですが，どうにも
　　抽象的で興味がわかなかったのです。すぐにもっと具体性のある研究トピ
　　ックに取り組みたいと思うようになりました。その後，MITでエリックと
　　共同研究するようになって研究テーマを決めなくてはならないという時に，
　　後にJournal of Product Innovation ManagementとManagement Science
　　の2つのバージョンの論文になるエリックのワーキングペーパーを読んだ
　　のです。そこで展開されている基本的アイデアが急進的で私の心を捉えま
　　した」（フランキー2020年5月2日）

　フォン・ヒッペルも当時のことを次のように語る。

　　「彼がここに来た時，ツールキットについて私が書いた論文が出たところ
　　でした。それを読んで彼は『まさにこれが，私が研究したいテーマだ』っ
　　て言ってくれました」（フォン・ヒッペル2019年9月18日）

　フランキーが指摘するワーキングペーパーは以下の2つの論文の元になるワーキングペーパーだった。2つの論文は2001年にJournal of Product Innovation Managementに掲載された“User Toolkits for Innovation.”とラルフ・カッツ（Ralph Katz）との共著でManagement Scienceに2002年に掲載された“Shifting Innovation to Users via toolkits.”だ。「ニック（フランキーのこと）がユーザーイノベーションの分野を自分の研究分野として生きていこうと決心してくれたことは（ユーザーイノベーションの研究分野にと

って）大きかった」とフォン・ヒッペルは言う（フォン・ヒッペル 2012年5月24日）。

　ツールキットを研究テーマに定めたフランキーとフォン・ヒッペルはアパッチ（Apache）のウェブサーバー向けのセキュリティ・ソフトウェアについて共同研究を開始する。2人はアパッチのソフトウェアユーザーに質問票調査を行い利用者のニーズの多様性が高いこと，ユーザーは自分が本当に求めるものに対しては喜んで対価を支払おうとすることを明らかにした。その研究は2003年にResearch Policyに掲載されることになる。そこでは回答者の19％が自分のニーズに合わせてアパッチを改良しイノベーションを起こしていて満足度も他ユーザーよりも高かったことを明らかにしている。

　ツールキットをテーマにした研究とは別にフランキーはフォン・ヒッペルとリードユーザーについても実証研究を行った。それはこれまでのリードユーザー研究をさらに深めたもので，リードユーザーの特徴を強く持てば持つほど当該ユーザーが起こしたイノベーションは高い商業的魅力度を持つと実証したものだ。後にウィーン経済大学のマーチン・シュライヤー（Martin Schreier）を共著者に加えJournal of Product Innovation Managementに2006年に掲載され，同雑誌の年間最優秀論文賞を受賞することになる論文だ。

　フランキーのMIT滞在は大成功と呼べるものだった。滞在期間に彼はフォン・ヒッペルとユーザーイノベーション研究に重要な貢献をする2つの研究成果を残すことができたのだ。

次々にヨーロッパから訪れる若手研究者

　フランキーの次にフォン・ヒッペルのところに来たのはクリスチャン・ルースジェ（Christian Lüthje：現ハンブルグ工科大学教授。2001年にMITの客員研究員）という若者で，彼もミュンヘン大で博士号を取りハンブルグ工科大学でハビリテーションの審査を受けるための論文を書いていた。ルースジェをエリックのところに送り出したのは前述のハンブルグ工科大学のコーネリアス・ヘルシュタット（Cornelius Herstatt）だった。ヘルシュタットはスイスのチューリッヒ大学で博士研究を始めた1989年秋にフォン・ヒッペル

と会い，1990〜1991年にフォン・ヒッペルの招待でMITに客員研究員として滞在していた。フォン・ヒッペルとの共同研究の成果は前述のパイプハンガーを対象にリードユーザー法を使って行った製品開発を紹介するもので，共著でJournal of Product Innovation Managementに1992年に掲載された。

　実はルースジェはミュンヘン大学の博士課程の学生時代からフランキーの友人だった。フランキーからMITで客員研究員をすることの長所と短所を教えてもらいMITで研究したいと考えるようになっていた。またハビリテーション審査の主査となるヘルシュタットがフォン・ヒッペルと旧知の仲であることもあり，ルースジェはフォン・ヒッペルの下で客員研究員として研究することが実現する。ルースジェを送り出して以降，フォン・ヒッペルとの交流が長いヘルシュタットはさらにその後，数年にわたりクリストファー・レットル（Christopher Lettl）やクリスティーナ・ラッシ（Christina Rassch）といったハビリテーションの論文執筆をしている研究者をフォン・ヒッペルのところに送り込むようになる。

　ルースジェの次にMITにやってきたのはヨハイム・ヘンケル（Joachim Henkel：現ミュンヘン工科大学教授）で，彼を送り出したのはハーホフだった。マンハイム大学で経済学博士号を取得しミュンヘン大学の研究助手をしていたヘンケルは，2002年にMITに客員研究員として滞在した。彼はイノベーション情報の無料公開が成立する条件を明らかにするモデル分析を行った。

　ドイツからのハビリテーション論文執筆期間の若手研究者を受け入れ共同研究を行うことにフォン・ヒッペルは手応えを感じていた。そこでフランキー，ルースジェ，ヘンケルの3人の後もヨーロッパからフォン・ヒッペルの下に若手で優秀な研究者が次々にやってくるようになる。

　「転機になったのはものすごく研究能力が高い，自分より若い研究仲間を持てるようになったことです」とフォン・ヒッペルは言う（フォン・ヒッペル 2019）。

消費者イノベーションへの関心

　フランキーがMITに客員研究員に来た頃を境に消費者イノベーションへの

注目が高まっていった。それはオープンソースへの関心とともにユーザーイノベーション研究のもう1つの大きな研究上の流れとなっていった。

　実は90年代まではユーザーがイノベーションを行うことがあると言っても，研究で明らかになっていたほとんどは産業財におけるものだった。それと同じ現象が消費財でも起こっていたのだ。最初に消費者がイノベーションを行っていることを明らかにしたのはハンブルグ工科大学から客員研究員としてMITに滞在していた先述のルースジェだった。彼が博士論文で行った調査ではアウトドア・スポーツの分野で153名の消費者のうち10%がイノベーションを行っていた。

　ただし，ルースジェは先駆的研究を行ったゆえの悲劇に直面する。当時のことを知るフランキーが次のように教えてくれた。

　「エリックはクリスチャン（ルースジェのこと）に博士論文から1本の論文を書くことを勧め，その作業を手伝いました。2000年か2001年ごろのことです。クリスチャンは本当に先駆的な仕事を博士研究でしていました。実際，消費者イノベーションの研究を1997年に始め，消費者の多くがイノベーションをしていることを発見しました。今になってみれば消費者がイノベーションしていることは多くの研究が明らかにしていて，それは研究者の間では常識となっていると言ってもよいぐらいです。しかし，当時はそうではありませんでした。エリックは消費者行動のトップジャーナルのJournal of Consumer Researchに投稿するように言いました。査読者に研究の位置づけがわかってもらえるようにエリックはなぜこの研究が非常に重要なのかを説明するすばらしい手紙を当時の編集者宛に書きました。しかし，結果は不採択でした。エリックが驚いたのは，投稿した論文が編集者から査読者に渡り審査された上で不採択になったのではなく，デスク・リジェクトつまり，編集者のところで査読に回らず不採択になっていたことでした。編集者は憤慨した様子でかつ，かなり傲慢な感じで『イノベーションは消費者行動ではない』と不採択の理由を手紙で説明していました。かわいそうなクリスチャンは同じ論文を別の場所に投稿しました。多分，Research Policyだったと思いますが，先駆的研究ではよくあることで，

そこでも同じ問題に直面し査読者から理解を得られませんでした。気落ちした彼はTechnovationに再度投稿してようやく2004年に彼の研究は日の目を見ることができるようになるのです」（フランキー2020年4月30日）

ルースジェの論文についてフォン・ヒッペルも同様の証言をしている。

　「ひどい目にあいましたよ（苦笑）。ハンブルグ工科大学のクリスチャン・ルースジェの論文の場合は特に衝撃的でした。消費者のうち無視できない割合がイノベーションしているという結果が出たのでマーケティング系の雑誌に投稿したのです。そうしたら返事が『消費者はイノベーションしない。消費者は消費する。以上！』というたった一行の不採択レターが返ってきました」（フォン・ヒッペル2012年5月24日）

　同じ頃，フォン・ヒッペルが指導する博士課程の学生ソナリー・シャー（Sonali Shah：現イリノイ大学准教授）も消費者がイノベーションをしていることを示す実証研究を行っていた。シャーはペンシルバニア大学の学部でファイナンスとバイオメディカルエンジニアリングを学び1996年に卒業，モルガンスタンレーで働いた後，MITの博士課程に入学していた。シャーはスノーボーディング，スケートボーディング，ウィンドサーフィンの分野で半分以上のイノベーションを消費者が行っていたことを明らかにした。しかし，前述のルースジェと同様に研究の先駆者ゆえに論文の発表では困難を極めた。その事情を知るフランキーは次のように語る。

　「ソナリー（シャーのこと）の消費者イノベーションについての論文も多かれ少なかれルースジェと同じ問題に直面しました。彼女の研究は結局，ワーキングペーパーどまりになってしまいました。ユーザーイノベーション研究のコミュニティとしては大きな一歩でしたがジャーナルに掲載されることはありませんでした。おそらく今，最も引用されているスローン（MIT経営大学院）のワーキングペーパーの1つではないでしょうか」（フランキー2020年4月30日）

このように，マーケティング系の雑誌はフォン・ヒッペルやその研究仲間の研究をなかなか受け入れなかった。ユーザーイノベーションがマーケティング研究の分野でも市民権を得た今だからフォン・ヒッペルは笑って話すようになっているが，当時，彼は自分の研究の意義を理解してもらえず悔しい思いを何度もしたという。

博士課程の学生と客員研究員との共同研究

博士課程の学生だったシャーに悪いことばかりが起こったわけではなかった。彼女はMITに滞在していたフランキーと出会い，共同研究を行うようになる。ここでフォン・ヒッペルの学生とドイツからの若手研究者との化学反応が起こる。

当時のことをフランキーは次のように説明してくれる。

「客員研究員でMITに滞在している時にソナリー・シャーに出会いました。当時，彼女は博士課程の学生でエリックが指導教員でした。その期間，私は実証研究法についての授業をミュンヘン大学で教えることになっていました。MITでソナリーとその授業でどういうトピックで教えたらよいかと話していました。私は経験上，方法論を修得するなら実際に使ってみるのがよいと思っていました（今も思っています）。経験から学習するのです。ソナリーと私のアイデアは『コミュニティにおけるイノベーション』でした。ソナリーとクリスチャン・ルースジェの両方がちょうど消費者にもイノベーターが存在することを発見していました。クリスチャンはその発見について博士論文をすでに書いていましたし，ソナリーはスポーツ器具分野で消費者イノベーションが存在することを明らかにした論文を書きあげようとしているところでした。消費者がイノベーションをするとしたら『そのプロセスはどのようなものなのか』研究するのがおもしろいのではないかと私たちは考えました。我々2人にとってこうした現象がコミュニティ単位で起こっていることは明らかでした。そこで探索目的の質問票を作成し，2000年秋にミュンヘン大学で私の方法論の講義を取っている学生にいくつ

かのスポーツコミュニティを見つけてもらい，そのコミュニティに質問票を配ってもらいました。幸いにもその学期には優秀な学生が受講してくれていました。私は朝から夕方まで講義する2日間の授業を3セットするためミュンヘンとボストンを飛行機で3往復して講義しました。おかげで講義は非常に充実したものになりました」（フランキー2020年4月30日）

フランキーとシャーが行った調査ではスポーツ関連の消費財について回答者の3割以上がイノベーションを行っていた 。2人の調査ではイノベーションがオープンソースソフトウェアと同じように，消費者が他のユーザーの支援や協力を得ながらイノベーションしていたことも明らかにした。[5]フランキーは話を続ける。

「ボストンに戻って私は質問票から得た発見物を論文にして投稿すべきかどうかソナリーと議論し，エリックにアドバイスを求めました。私たちの発見物を初めてアウトラインにしたものをエリックが読んだ時，ものすごくびっくりして放心状態に陥っていたのを私は覚えています。『ユーザーイノベーション……コミュニティにおけるだって?? こんなこと僕は考えたことがなかったな。どうやって君たちこんなことを……でもまったく道理は通ってるよね』と口走しったのです。もちろんエリックがこうした現象を一度も考えたことがなかったというのはウソで社会的現象としてのユーザーイノベーションについて考えていたはずなのです。オープンソースといった集団的現象が目の前に現れてきていてエリックはそうした現象を観察していました。にもかかわらずエリックは本当に驚いているように見えました。彼は（コミュニティという単位でユーザーイノベーションを見ることに）懐疑的な気持ちを持っていたと思いますがそのことを表に出さずに，私たちが論文の話の展開を考え，仕上げていくのをものすごく助けてくれました。最終的にその研究は"How Communities Support Innovative Activities: An Exploration of Assistance and Sharing among End-Users"という名前の論文でResearch Policyに2003年に掲載され非常に高い評価をもらいました。そうです。ある意味，この出来事はOUI（Open and User

Innovation; 以下OUI) の研究コミュニティが立ち現れる前兆だったのです。ユーザーイノベーションは（現象と研究ともに）コミュニティにかかわる出来事なんです！」（フランキー2020年4月30日）

　その後，フォン・ヒッペルの研究室の学生がヨーロッパからの客員研究員と共同研究することが日常的に見られるようになる。例えば，博士課程に在籍していたカリム・ラクハニは客員研究員で滞在していたラーズ・ボー・イェペッセン（Lars Bo Jeppesen：現在，コペンハーゲンビジネススクール（CBS）教授）とネット上で不特定多数の群衆を使い問題解決する仕組みを構築したイノセンティブ（innocentive.com）を対象とする共同研究を行った。イェペッセンは当時，コペンハーゲンビジネススクールの博士課程の学生でCBSの同僚のピーター・ロッツ（Peter Lotz）が彼をフォン・ヒッペルに紹介した。ロッツはフォン・ヒッペルのMITでの同僚エドワード・ロバーツのところに客員研究員として滞在していてフォン・ヒッペルと話をするようになりCBSの研究者を彼に紹介するようになったのだ。その中の1人にイェペッセンがいた。彼は2003～2004年にMITに客員研究員として滞在していた。ラクハニとイェペッセンの共同研究はユーザーイノベーションの研究者の間で評判になり2010年にOrganization Scienceに掲載され多回数引用される論文となった。

　こうしてユーザーイノベーション研究はフォン・ヒッペルの博士課程の学生とハーホフやヘルシュタットらが送り込んだ若手研究者が化学反応しながら研究対象とする範囲と研究者コミュニティを拡大させていった。

コミュニティを単位に研究する

　ユーザーイノベーションをコミュニティという視点から分析する重要性をフランキーとシャーの研究は明らかにしたが，コミュニティでユーザーイノベーションを見るべきだとフォン・ヒッペルに主張していた研究者はそれまでにもいた。MITのマイケル・クスマノのところに客員研究員として滞在していたゲオルグ・フォン・クロー（Georg von Krogh，当時ザンクトガレン

大学：現在はスイス連邦工科大学チューリッヒ校勤務）だ。フォン・クローはMITでの滞在を終える直前になってフォン・ヒッペルと話をするようになった。フォン・ヒッペルによればフォン・クローはコミュニティという単位でユーザーイノベーションを見るべきだとフォン・ヒッペルにアドバイスしたという。フランキーとシャーが共同研究をする以前の話だ。フォン・クローのアドバイスに対し当初フォン・ヒッペルは積極的ではなかった。

「私は個人（や企業）という単位でイノベーションを見ていたからコミュニティを研究するなんて複雑すぎてとてもじゃないけれども手に負えないと言っていました」（フォン・ヒッペル2012年5月24日）

ある日の出来事

しかし，フォン・ヒッペルは当時，オープンソースの話を勉強し始めていて徐々にそこでのコミュニティの重要性がわかるようになっていた。そんなフォン・ヒッペルがコミュニティという単位でイノベーションを見ていかないといけないと思うようになった決定的瞬間があったという。

「コミュニティという単位でイノベーションを分析するのはものすごく難しいと思っていました。コミュニティで分析することに反抗していましたね。そこに変化が生まれたのはある研究会で30人ほどの人数でテーブルを囲んで『コミュニティを分析することにどれだけの意味があるかわからない』という話をした時でした。その会に参加していた全員が『我々はあなたの研究のコミュニティですよ』って言ったのです。『おー，ほんと，その通りだ』って私は答えました。それで『OK。難しいけど私は考えなくちゃいけないね』という話になったのです」（フォン・ヒッペル2019）

この出来事がきっかけでフォン・ヒッペルはコミュニティを分析単位としてユーザーイノベーションを考え始めるようになる。同じ勉強会に参加していたフランキーはその時の様子を次のように語る。

「2002年の初めの頃，エリックと話をしていた時のことです。私たちはこれまで行ってきた（あるいは行おうと思っている）研究プロジェクトを誰と一緒に行ったか（誰と一緒にこれから行おうと思っているか）について話をしていました。私はユーザーイノベーションという研究分野で研究をする人たちの今，姿を現そうとしているネットワークについて話をするのにコミュニティという言葉を使いました。するとエリックは非常に懐疑的なそぶりで『あまりよくわからないね。僕はこれまで1人で，誰にも影響されず研究してきたから。交流しながらやってきたと言っても……，僕はコミュニティを持つとか何か責任をそこで果たすといった考えは好きになれないな』と言うのです。この言葉を聞いて僕は驚いて放心状態になりそうになりました。そして僕はエリックに言いました。『エリック，すでにコミュニティはここにあるよ。それを気に入っていようがいまいが，あなたがネットワーク，コミュニティの核，中心なのですよ』と。その時，エリックが2，3秒のうちにものすごく思考を巡らせているのがわかりました。それを見ているのは楽しかったです。エリックと一緒に仕事をしたことがある人なら誰もが経験していると思いますが，彼は一瞬にして態度を一変させて，『うん。確かに君が正しいんだろうな。うん。すばらしい。すばらしいね。ユーザーイノベーションを研究するコミュニティがすでに存在している。確かに……これはすばらしいことだね』と言ってくれたのです」（フランキー2020年4月30日）

フォン・ヒッペル主催の研究会

　フランキーとの会話で研究対象だけでなく研究仲間をコミュニティとして捉えることを意識するようになったフォン・ヒッペルにとって，さらに重要な展開があった。それまでフォン・ヒッペルはいくつかの研究会を主催していた。1つが毎年，春学期に隔週で開催されていた研究会（セミナー）[6]だ。研究について気軽に意見を言い合える仲間を集めて今，取り組んでいる研究について発表しその場でフィードバックを受けるというものだ。参加人数は6，7名の小規模なものだった。

■写真13　思考を巡らせている時のエリック・フォン・ヒッペル

　フォン・ヒッペルが主催する2つ目の会議はMITイノベーション・ラボ
という名称の研究会でフォン・ヒッペルの研究に国連やNASA, フォードや
General Millsといった企業がスポンサーとして金を出している。そのスポン
サー企業を対象とし, 企業や研究者が参加する研究会だ。年3回開催の各2
日間行われる。

　例えば, フォン・ヒッペルの最初の研究書, 「源泉」には「ライバル企業間
の協調：技術ノウハウの非公式取引」というタイトルの章がある。この章の
研究は実務家とのやりとりがきっかけとなり生まれた。

　あるメーカーがイノベーションを行ってもイノベーションに関連する情報
がライバルに漏れてしまうと競合企業がすぐに類似品を市場投入してしまう。
そうした情報の漏れを技術開発の研究で有名な経済学者エドウィン・マンス
フィールド（Edwin Mansfield）はイノベーション企業にとっての「損失」だ
と考えていた。

　しかし, フォン・ヒッペルは実務家と意見交換していて事情はそう単純で
ないことに気づいた。ある小型製鋼会社のトップによれば「私たちはライバ
ルに自社独自の工程ノウハウの一部を教えることがある」という。情報を取
引（trade）しているのだ。フォン・ヒッペルはそう考え, 次のように説明す

る。

　「例えばあなたと私が食事に行ったとしよう。今回は私が勘定を払う。そ
こだけ見れば私は一方的にお金を出しているように見える。だけど，実は
別の日にはあなたが勘定を支払っているとしたらどうでしょう？あなたと
私との間に貸し借り関係があるということです。この前，私に払ってもら
ったから今度はあなたが払うといった感じです。同じように，小型製鋼会
社にとってはノウハウ情報をライバルに教えても，きっと別の機会にその
相手企業はお返しにノウハウ情報を教えてくれるだろうと考えているとす
ればどうなるでしょう。つまりその場合，ノウハウの取引がそこで行われ
ているということになるわけです」（フォン・ヒッペル2012年5月11日）

そんな発想から生まれたのがライバル企業間で起こる非公式ノウハウ取引
の研究だった。自社にとって有益な情報を一番持っているのはライバル企業
だ。自分たちと同じ環境に直面し，課題も似通っているからだ。実際に調べ
たところ，小型製鋼業界ではライバル企業間で各社独自のノウハウを日常的
に取引していた。イノベーション情報が一方的にライバルに漏れるだけでな
く，イノベーション情報は時に企業間で双方向に取引されていたのだ。
　こうしてライバル間のノウハウ取引に関する研究が実務家との交流から生
まれたように，フォン・ヒッペルにとって実務家対象の研究会は重要な情報
源になっている。実務家対象の研究会，MITイノベーション・ラボについて
フォン・ヒッペルは次のように語る。

　「この仕組みは研究資源として役立っています。例えば私があるテーマに
興味を持ったとしましょう。その分野の人に話を聞きたいと思って『話を
しに来ませんか』と言っても，フォン・ヒッペルのところに行って話して
やろうとは思わないかもしれない。でもMITから呼ばれてプレゼンテーシ
ョンをするという話になれば来て話をしてくれるのです」（フォン・ヒッペ
ル2019）

フォン・ヒッペルはもう1つ別の種類の研究会を時々開く。既存分野の延長戦上にない分野の研究分野にユーザーイノベーションの考えを持ち込むための特別ワークショップだ。フォン・ヒッペルは次のように説明する。

　「ユーザーイノベーションの新分野を開拓しようとして特別なワークショップを開くことがあります。例えば3,4年前にオープンイノベーションに興味を持っている法律学者を15名ほど招待して2日間の特別開催のワークショップを企画しました。私たちがOUIの研究コミュニティとして行っていることを彼,彼女たちの前でプレゼンテーションしました。特許権を行使しないでうまくいくことがあることを理解してもらい正当化されるようにです。来てくれた15名のうち3,4名が研究論文を書くようになってくれるようになって私たちのコミュニティに入ってくれるようになりました」（フォン・ヒッペル2019）

OUI研究会の誕生

　以上で説明した研究会はフォン・ヒッペルにとって貴重な研究の場になっているが,そのどれよりも重要度の高い位置づけを持つ研究大会が現在はある。それがOUIコンファレンスだ。
　始まりはフランキーがオーストリア経済大学に就職したことがきっかけだった。フランキーは当時の事情を次のように説明する。

　「1つは当時,生まれつつあったOUIの研究コミュニティを一体感あるものにしようとしたのです。エリックは私を2000～2001年,客員研究員として招待してくれました。その滞在はとてもすばらしく,研究成果が上がるものだとわかりました。それで私のように客員研究員としてエリックのところに滞在し共同研究するのが『お手本』となり,ヨーロッパや他の地域から若手研究者が次々とMITにやってくるようになったのです。次に来たルースジェは私と時期が重なりました。私の後にはヘンケル,ピラー（Frank Piller後述）,フラー（Johann Fuller後述）などなどのメンバーが

やってきました。(7)気が付くとそこに研究コミュニティの『核』ができていたのです。そのメンバーたちが再会し分野を同じくする研究について共同ワークショップを開くというのはよい考えでした。

　２つ目は集まる場所を再吟味するというものでした。実際，多くの研究コミュニティのメンバーはヨーロッパの研究者でした。ならばアメリカ（ボストン）だけでなくヨーロッパでワークショップを開いて，OUIの考え方をヨーロッパの研究者や博士課程の学生に紹介する機会にすればよいではないか，と考えたのです。

　私は自分で主催校になると手を挙げました。それは所属する大学での自分の評判を高めるのに役立つと思ったからです。当時，私の大学での任期は５年でした。私が責任者をしていた研究所を５年任せるという契約だったのです。その頃，オーストリアでできた新しい法律では私立の組織で予算を５年賄えれば国はその後の金の面倒を見るというものでした。典型的なオーストリアの（５年経ったらその時はその時で引き続き地位を確保する方法を見つけられると思うといった）ものごとの進め方で，ちょっといい加減なものでした。私は典型的なドイツ人として，安定したものを求めました。年数に限りを設けない雇用に切り替えてもらえるような材料を集めようとしたのです。コンファレンスのホストになるというのはそのための１つの材料のように思えました。親しい友人であったエリックはOUIのワークショップの合間に私が働く大学の副学長と一緒に昼食をとり，その席で私の研究能力を大絶賛してくれました。おかげで2004年には私が勤めるオーストリア経済大学の学長は私に勤務年数に限りを設けないオファーをしてくれたのです。もちろん私はすぐにそのオファーを受け入れました。

　コンファレンスは大成功で，みんな本当に楽しみました。そこで私たちはこのワークショップを続けることを決め，ボストンとヨーロッパで毎年，交代で開催しようという話になっていきました。ちなみに第１回目から現在までの皆勤賞はエリック，（フランク）ピラー，（ヨハン）フラー，そして私の４人です」（フランキー2020年４月28日）

フォン・ヒッペル自身はOUIワークショップの始まりを次のように説明す

る。

　「ニックはオーストリア経済大学で『起業家精神とイノベーション』の教授だったのですが大学側にはニックの研究，つまりユーザーイノベーションの研究について知る人がいませんでした。そこでニックの大学でユーザーイノベーションの研究を発表するワークショップを開いて我々が行っている研究内容を知ってもらう活動をしようということになったのです。やってみたらすごく楽しかった。ドイツからハビリテーションの論文を書いている期間にMITに来ている若手研究者はドイツに戻ると就職先の大学を探さないといけない。ワークショップはとても楽しいし，ユーザーイノベーション研究の内容や意義がわかる人が増えれば増えるほどそれだけ就職先を見つけやすくなるということで次の年も開こうということになりました」（フォン・ヒッペル2019）

ワークショップから会議へ

　ウィーン経済大学でワークショップが開かれたのは2003年。２年目のワークショップを開いた場所はハーホフやフランキー，ルースジェ，ヘンケルの４人ゆかりの地のLMU（ルートヴィヒ・マクシミリアン大学ミュンヘン：ミュンヘン大学）だった。１回目の参加者は21名，２回目は28名と小規模のワークショップだった。

　その後，ワークショップは2005年にはMIT，2006年にはTUM（ミュンヘン工科大学），2007年にはコペンハーゲンビジネススクールで回を重ね，気がつけば毎年，夏に開かれる恒例のイベントとなっていた。参加人数も増え，2008年にハーバードビジネススクールで開かれた時には約150名の研究者が参加，以後，毎回，200名から300名が参加するイベントになっていった。最初の10年ほどはワークショップに参加するための交通費と滞在費は参加者持ちではあったが参加費が無料（現在は有料），ワークショップ実施期間の朝，昼，夜，３回の食事も主催校が無料で提供するものだった。

「2000年以降，ユーザーイノベーションというテーマが研究者の間で注目を集めるようになったということ。それから客員研究員でMITに来ていた若手研究者が教授になって大学院生を持つようになり，その大学院生たちとユーザーイノベーションを研究し成果をワークショップで発表するサイクルができたということ。こうしたことが重なって参加人数がどんどん増えていったのだと思います」（フォン・ヒッペル2019）

ワークショップは3日間開催が標準で，前日にはVillage Elders（年長者村）と呼ばれる有資格の二十数名の研究者が参加する会議が開かれる。Village Eldersは長年ユーザーイノベーション研究を行っている研究者たちで，ユーザーイノベーション研究の中心的存在だとお互い認めているメンバーたちだ。そうしたメンバーが集まり近況を報告したり，ユーザーイノベーション研究の方向性やワークショップの将来の開催場所や運営方法について，フォン・ヒッペルが中心になって議論する。

　本番の研究会の運営は参加者の発表を支援し，応援することを前提とする。研究テーマについて自由度は高く，例えば心理学ベースで発表したいという研究者がいればそうしたトラックをつくって発表の機会をつくる。

「例えば私が心理学に興味を持っているとしましょう。その場合にはワークショップで『心理学』というトラックをつくるところから始めます。心理学に興味がある人たちをそのトラックに招待して発表してもらう。発表がおもしろく，他の人たちの興味を引ければ心理学の関連分野のトラック数が増えていく。逆にあまり興味を引かなければそのテーマのトラックは姿を消していく。トラックをつくって発表してもらって様子を見る，というやり方を取っています。機会を提供して，応援するつもりで見守るというやり方です」（フォン・ヒッペル2019）

フォン・ヒッペルがOUIコミュニティにどのように接してきたかフランキーは次のように語る。

「私たちはコミュニティだという話が出て以来，エリックはOUIの研究コミュニティを育てていくことにものすごく気を遣うようになりました。エリックはユーザーイノベーションの研究分野を形作ったり，多くの研究者にどうすればよい研究ができるかを教えたり，胸躍るようなプロジェクトを始めたり，数多くのコミュニティメンバーを数えきれない方法で助けたりしただけでなく，彼は有益で，前向きで，建設的な温かい雰囲気—まさにコミュニティの精神（スピリット）を作り上げるのに心を砕いてくれたのです」（フランキー2020年4月30日）

　こうした経緯で生まれたOUI会議は新型コロナウィルスの感染問題を考慮して2020年の開催はオンラインで半日に限った開催になってしまったが2003年から2020年まで連続18回開催されている。最初は「ウィーン/MIT　ユーザーイノベーションとオープンソースソフトウェアに関する国際ワークショップ（The Vienna/MIT International Workshop on User Innovation and Open Source Software）」と呼ばれていた研究会の名称は何度か改称され，開催規模の拡大とオープンイノベーション研究の包摂を意識して「オープン・アンド・ユーザー・イノベーション会議（Open and User Innovation Conference）」と今では呼ばれるようになっている。

2冊目の研究書

　こうしてユーザーイノベーション研究の対象範囲と分析単位を豊富にするだけでなく，ユーザーイノベーション研究者がコミュニティとして研究交流できる場を創造したフォン・ヒッペルは「源泉」以降の研究成果をまとめて1冊の研究書として世に発表する。Democratizing Innovation（民主化するイノベーションの時代，以下「民主化」）というタイトルの書籍だ。製品やサービスの受け手であるユーザーのイノベーションを起こす能力と環境が向上している状態を「イノベーションの民主化」と呼び，まさにその現象が今，目の前に現れていることを「源泉」以降の研究成果を使い同書は指摘する。発表されたのが2005年でOUI会議が開催されるようになって3年目になろうと

していた時期だった。同年 MIT で開催された 3 回目の会議で同書はフォン・ヒッペルから会議の参加者に直接手渡された。「民主化」は OUI コミュニティの拡大と歩調を合わすかのように多様な分野，多くの研究者に引用され，「源泉」と比べても遜色ない被引用回数を誇る研究書となっていった。

国を対象とするユーザーイノベーション研究へ

話は「民主化」発表までで終わるべきかもしれないが，「民主化」発表後について（すでにここまでで十分長い付録の事例となってしまっているのだが）さらなる「おまけ」として，もう少し話を続けさせてもらいたい。「民主化」を発表したフォン・ヒッペルは歩を止めることなくさらにユーザーイノベーション研究を前に進めていく。

消費者イノベーションについて実態が業界単位で明らかになりつつあった 2000 年代後半，フォン・ヒッペルは国のイノベーション政策に興味を持つようになっていく。きっかけを作ったのはカナダで国家統計の仕事をしていたフレッド・ゴールト（Fred Gault）だった。

オスロ・マニュアルと Blue Sky フォーラム

OECD（経済協力開発機構）は各国における研究開発やイノベーションに関するデータの収集，報告，分析のための国際的マニュアルを作成し，発行している。そのマニュアルは「オスロ・マニュアル（Oslo Manual）」と呼ばれている。こうした政府統計の尺度を検討しオスロ・マニュアルの改訂内容を考えるプロジェクトは「Blue Sky フォーラム」と呼ばれ，1996 年を 1 回目とし 10 年ごとに行われていた。この Blue Sky フォーラムの 2 回目（2007 年）に向けて OECD でオスロ・マニュアルの改訂作業に取り組んでいたのがゴールトだった。1988 年，彼はフォン・ヒッペルの「源泉」を読み，国単位でユーザーイノベーションを測定して統計数字で表現することを考えた。ユーザーがイノベーションを本当に行っているとすれば，これまで国の統計はそうした活動を無視してきたことになるからだ。ゴールトは企業ユーザーや

消費者の革新活動を統計数字として可視化したいと考えた。2006年，ゴールトはイノベーション活動を国単位で測る統計専門家が集まるオランダのスヘフェニンゲン（Scheveningen）で開催された会議に出席した。その会議ではフォン・ヒッペルが「民主化」の内容を発表していた。その時の様子をエリックは次のように語る。

　「そこで私は話をしたのですが，（目を大きく見開いて）誰も（本当に誰もだよ，1人として）まったく興味を示さなかったのです（笑）」（フォン・ヒッペル2012年5月24日）

これではどうしようもないと思ったゴールトはレセプションで次の手を打った。皆がシャンペンやワインを飲み歓談する中，会場を回り何人かに近寄り肩をたたき，「僕たちについておいで」と声をかけたのだ。ゴールトから声をかけられてついてきた人数は10人ほどになったという。

　「フレッドは声をかけた同僚10人と私を引き連れ寿司屋に移動し，なぜユーザーイノベーションを統計で可視化することが重要かをとくとくと熱心に説明してくれました。彼が声をかけたのは彼を尊敬しているメンバーだったからそこに来ていたメンバーにはインパクトがありました。ユーザーイノベーションの質問票調査に最初の勢いがついた瞬間でした」（フォン・ヒッペル2019）

フレッドのためにも突破口を探りたいと思ったフォン・ヒッペルは，会議後，若手の研究者数人に滞在先のホテルに集まってもらい，もう一度，話をすることにした。

　「私は若い人たちが統計の実務を担当していることを知っていたのでフレッドに5，6人若い有望な研究者を集めてくれないかと頼みました。会議が終わっても1日滞在を延ばして現地に留まりそこに集めてくれた人たちにユーザーイノベーションの話をしました」（フォン・ヒッペル2019）

デ・ヨングとの出会い

　フォン・ヒッペルが若手研究者に向かって話す中，ゴールトに集められた若者の中に1人，フォン・ヒッペルの話に熱心に耳を傾ける者がいた。当時，EIM Business and Policy Researchというオランダの会社で政府の統計調査の仕事に携わっていたイエルーン・デ・ヨング（Jeroen P.J. de Jong）だ。その後，空港に移動するのにデ・ヨングが車で送ってくれた。

　　「実は彼（デ・ヨング）が道を知らなくて（笑）。道を何度も間違えながら移動しました。おかげでジェロエン（デ・ヨングのこと）とはずいぶん話ができました（笑）」（フォン・ヒッペル 2012年5月24日）

　フォン・ヒッペルの研究に魅了されたデ・ヨングはその後，2007年にアムステルダム大学のビジネススクールで博士号を取得し大学の研究者へと転身し，現在，ユトレヒト経済大学の教授を務めている。デ・ヨングは消費者イノベーション調査の中心人物となり質問票の設計や調査方法の標準化で非常に重要な貢献をするようになる。

本格化する統計の調査対象化への努力

　ゴールトの熱心な活動によってユーザーイノベーションを国家統計の調査対象にする試みは本格的に始まることになる。ゴールトはカナダで，デ・ヨングはオランダで，フォン・ヒッペルと共に産業財を対象にユーザーイノベーションの実態を統計数字で表現する作業を行った。さらに，英国では消費財にも範囲を広げてフォン・ヒッペルとデ・ヨングがブライトン大学教授のスティーブ・フラワーズ（Steve Flowers）と同様の作業を行った（そこでの実証研究の結果はManagement Scienceに採択され，2012年に掲載された）。
　これは余談になるが国単位でユーザーイノベーションを測定するプロジェクトへは，筆者もフォン・ヒッペルから声がかかり参加した。2009年にハンブルグ工科大学で開催されたOUIワークショップに出席している際，廊下で

フォン・ヒッペルに背後から肩をたたかれた。ワークショップが終わってからミーティングをするからそこに参加してほしいというのだ。ワークショップ後にフォン・ヒッペルが集めた研究者が参加した会議（後のVillage Elders）では彼からユーザーイノベーションを国単位で測定するプロジェクトが提案された。すでにカナダ，オランダで産業財を対象に統計プロジェクトは開始され，一部は論文として発表される段階にあるという話だった。英国では消費財も対象に調査を始めているという話もそこでは話された。他の国でも同様な調査をみんなそれぞれの研究費を使って行ってほしいというフォン・ヒッペルからのお願いに似た提案がそこでなされた。

　メーカーの研究開発活動については国が統計として数字をつかんでいるのに，ユーザーのイノベーション活動が統計数字で把握されていないのはよくないというのがフォン・ヒッペルの考えで，筆者にはとても納得のいくものだった。そこで筆者は日本と米国の消費者イノベーション調査を行うことにした。米国を調査対象に含めたのは海外の研究者の日本に対する関心が薄くなってきていることを肌で感じていたので論文として注目されるには米国のデータが必要だと思ったからだった。日本だけでなく米国のデータも揃ったことをフォン・ヒッペルは喜び，最終的にはフォン・ヒッペル，デ・ヨングと共同でMIT Sloan Management Reviewに掲載された論文を書くことができた。その後，他の研究者たちがこのプロジェクトに加わり，カナダ，フィンランド，韓国，スウェーデン，ロシア，アラブ首長国連邦，中国といった国々で同様の調査が行われていった。

　一連の調査結果で多くの国で多くの消費者が多様な製品でイノベーションをしていることが明らかになったが，こうした結果が出るとフォン・ヒッペルが確信していたわけではなかった。

　「どんな結果が出るかまったく予想できなかった」とフォン・ヒッペルは言う（フォン・ヒッペル2012年5月24日）。

　「だから多くの消費者がイノベーションをしている結果を見てすごく嬉しかった」と彼は続けた。

206

イノベーションの定義が変わった日

　国家の統計調査にユーザーイノベーション調査を組み込もうとするゴールトの努力は実を結ぶ日を迎える。2018年10月に改訂されたオスロ・マニュアルではイノベーションは次のように定義されるようになったのだ。[(8)]

　「イノベーションとは当該単位の既存の製品あるいはプロセスと著しく異なる新規あるいは改良された製品，プロセスあるいはそれらの組み合わせのことで，潜在的利用者に利用可能になっている（製品）か，当該ユニットに利用されている（プロセス）ものである。この一般的定義ではイノベーションを担う行為者を記述するために一般的な呼び名の『単位（unit）』を使う。それは家計及び当該家計を構成するメンバーを含むいかなる部門のすべての制度的単位も指すからである」

　それまでのオスロ・マニュアルではイノベーションとは市場に実際に導入されたものを指していた。それが発明（インベンション）とイノベーションの大きな差となるという認識があった。その点について改訂後の定義では「潜在的に利用者に利用可能」と明示的に表現されるようになった。つまり市場に出ているかどうかは関係なく，ユーザーにとって利用可能な状態であればそれはイノベーションと呼ぶという定義になったのだ。またイノベーションを担う行為者として家計及び当該家計を構成するメンバー，つまり消費者を含むことが明示化された。この定義の変更によってユーザーイノベーションを統計調査の対象に含める必然性が生まれたのだ。こうしたイノベーションの定義に変更を迫ったのはエリックを中心とする消費者イノベーションの実証研究だった。

　2018年9月末にフォン・ヒッペルからの以下のメールが，筆者を含むユーザーイノベーションの年長研究者のメーリングリスト宛に届いた。

　「ニュースがある。10月24日付けのオスロ・マニュアルの新版ではOECDのイノベーションの定義がこれまでより広くなった。新定義はフレッド・

ゴールトの10年以上にわたる活動の成果だ。私たちの消費者イノベーションについての調査があって彼は成しとげることができたのだ。フレッドは実際に自分の思いをやりとげたけれど，それは私たちが行ってきた研究なしにはなしえなかったのも事実だ（笑顔）」

　フォン・ヒッペルのユーザーイノベーションというパラダイムがそれまでそこにあると思われていなかった革新活動を人々の目の前に統計数字として現出させた。そのことがイノベーションの定義の変更を迫り，国家統計の収集の在り方まで変え，世界の人々のイノベーション現象への見方を大きく変えた。イノベーションに対する捉え方が大きく変わった瞬間だった。

知的冒険は続く

　こうしてフォン・ヒッペルは「源泉」発表後，MITの博士課程の学生に加え，主にドイツの博士取得後の研究者との共同研究を動力源に新しい研究体制と発表方法を創出し世界標準研究となる「民主化」を発信していった。しかもそこでとどまらず，彼は国家統計の収集のあり方に大きな影響を与える研究を発信し，現在もOUI研究の仲間たちと新たな研究テーマを追い続けている。フォン・ヒッペルにとって知的冒険としての経営研究の旅は終わりがないようだ。

〈注〉
（1）　本書の脱稿後，（3章の中心人物の）藤本隆宏が海外ジャーナルへの挑戦を高峰登山に例えた論文を発表したことを知った。藤本隆宏「発信せんとやうまれけむ」『組織科学』Vol.52 No. 4, 18-28ページ，2020年。藤本は海外ジャーナルへの挑戦を魅力的な研究成果発信の機会としつつも，それは研究生活の一部でしかないと述べている。本書は藤本と例えの対象とするものが一部，重なりながらも異なっていると考える。1本の論文，1冊の研究書だけを対象とせず研究者が一連の，時に複数の研究を行いながら世界標準研究の発信していく姿を高峰登山で例えている。
（2）　実際には，野中は他にもいくつもの多被引用回数の研究を発表している。
（3）　ここからの記述の前半（180ページまで）は拙著『ユーザーイノベーション』（東洋経済新報社，2013年）第7章に基づいている。また本章の記述は断りがない限り以下

のインタビューを基にしている。

エリック・フォン・ヒッペル　2012年5月11日（本文では（フォン・ヒッペル2012年5月11日）と表記），2012年5月24日（本文では（フォン・ヒッペル2012年5月24日）と表記），2019年9月18日（本文では（フォン・ヒッペル2019）と表記）。

ニコラス・フランキー　2020年4月28日（本文では（フランキー2020年4月28日）と表記），4月30日（本文では（フランキー2020年4月30日）と表記），5月2日（本文では（フランキー2020年5月2日）と表記）。

(4)　ラクハニは2006年に博士論文を提出する。

(5)　シャーはその後，2003年に博士論文を書き上げ，イリノイ大学アーバナシャンペーン校に職を得ている。

(6)　この研究会は後述するOUIコンファレンスが開かれるようになって役目を終え，現在は開かれていない。

(7)　後述するがフランク・ピラー（アーハン大学教授）はOUI Conferenceの第1回目からこれまで全部に参加した研究者の1人で，彼は当時，フランキーと当時，同じミュンヘンを研究拠点にしていてドイツ経営学会のTechnology and Innovation Managementの若手研究者仲間で共同研究を行っていた。そんな旧知の間柄だったこともあってフランキーは第1回目のOUIワークショップにピラーを招待している。ワークショップでフォン・ヒッペルと知り合ったピラーはMITに客員研究員として2004年から2007年にかけて滞在することになる。またヨハン・フラーも後述するが，もう1人のOUI会議を全会出席している研究者の1人だ。ヨハン・フラーは当時，自分が取り組んでいる博士研究についてフォン・ヒッペルに相談できないかと連絡を取った際，ウィーンでユーザーイノベーションのワークショップがあることを教えてもらい参加することにしたという。2008年から2010年にかけてMITに客員研究員として滞在している（2020年5月1日，フラーからのメール）。

(8)　新しい定義についてはhttps://www.oecd.org/sti/inno/oslo-manual-2018-info.pdfを参照のこと。

〈参考文献〉

小川進（2013）『ユーザーイノベーション』東洋経済新報社。

Nikolaus Fanke and Sonali Shah (2003) "How Communities Support Innovative Activities: A Exploration of Assistance and Sharing among End-Users." *Research Policy* 32 (1) : 157-178.

Nikolaus Fanke and Eric von Hippel (2003) "Satisfying Heterogeneous User Needs via Innovation Toolkits: The Case of Apache Security Software." *Research Policy* 2003, 32 (7) :1199-1215.

Nikolaus Franke, Eric von Hippel and Martin Schreiner (2006) "Finding Commercially Attractive User Innovations: A Test of Lead User Theory." *Journal of Product Innovation Management*, 23:301-315.

Cornelius Herstatt and Eric von Hippel (1992) "From Experience: Developing New Product Concepts via the Lead User Method: A Case Study in a "Low-Tech" field."

Journal of Product Innovation Management 9 (3) : 213-221.

Gary L. Lilien, Pamela Morrison, Kathleen Searls,Mary Sonnack, and Eric von Hippel (2002) "Performance Assessment of the Lead User Idea-Generation Process for New Product Development." *Management Science* Vol.48, Issue 8: 955-1101

Christian Lüthje (2004) "Characteristics of Innovating Users in a Consumer Goods Field: An Empirical Study of Sport-related Product Consumers." *Technovation* 24 (9) : 683-695.

Sonali Shah (2000) "Sources and Patterns of Innovation in a Consumer Products Field: Innovations in Sporting Equipment." Working Paper 4015, MIT Sloan School of Management.

Stefan Thomke and Ashok Nimgade (2000) "Note on Lead User Research." Harvard Business School.

Glen L. Urban and Eric von Hippel (1988) "Lead User Analyses for the Development of New Industrial Products." *Management Science* Vol.34, Issue 5: 569-582.

Eric von Hippel (1976) "The Dominant Role of Users in the Scientific Instrument Innovation Process." *Research Policy* 5 (3) : 212-239.

Eric von Hippel (1988) *The Sources of Innovation*. Oxford University Press（榊原清則訳『イノベーションの源泉』ダイヤモンド社1991年）.

Eric von Hippel (2001) "User Toolkits for Innovation." *Journal of Product Innovation Management* Vol.18, Issue 4: 247-257.

Eric von Hippel (2005) *Democratizing Innovation*. MIT Press（サイコム・インターナショナル訳『民主化するイノベーションの時代』ファーストプレス2005年）.

Eric von Hippel (2017) *Free Innovation*. MIT Press（鷲田祐一監訳『フリーイノベーション』白桃書房 2019年）.

Eric von Hippel, Jeroen P. J. de Jong, and Stephen Flowers (2012) "Comparing Business and Household Sector Innovation in Consumer Products: Findings from a Representative Study in the United Kingdom." *Management Science* Vol.58, Issue 9:1669-1681.

Eric von Hippel, S. Ogawa and J. P. J., de Jong (2011), "The Age of the Consumer-Innovator," *MIT Sloan Management Review* 53 (1), 27-35.

Eric von Hippel and Ralph Katz (2002) "Shifting Innovation to Users via toolkits." *Management Science* 48 (7) : 821-833.

Eric von Hippel, Stefan Thomke, and Mary Soonack (1999) "Creating Breakthroughs at 3M." *Harvard Business Review* 77: 47-57.

あとがき

　本書は多くの先輩方のご協力があり書き上げることができた。本書の中心人物として登場いただいた野中郁次郎先生，伊丹敬之先生，藤本隆宏先生，延岡健太郎先生，フォン・ヒッペル先生には複数回の聞き取りにご協力いただき感謝の念に堪えない。特に野中先生は何度もお時間をいただき，お話をうかがうことになってしまったにもかかわらず，いつも快く聞き取りに協力してくださった。心よりお礼申し上げたい。中心人物として取り上げさせていただいた方がた以外にも多くの方がたに聞き取りや議論にご協力いただいた。すべての方のお名前をここで挙げることはできないが，とりわけ以下の方々にはお名前を出してお礼申し上げたい。今井賢一，吉原英樹，竹内弘高，加護野忠男，奥村昭博，武石彰，沼上幹，浅川和宏，青島矢一，楠木建，網倉久永，米山茂美，大園恵美，阿久津聡，妹尾大，川上智子，西川英彦，マイケル・クスマノ，ニコラス・フランキーの諸先生方。以上の先生方にはお忙しい中，お時間を取っていただいただけでなく貴重なお話やご意見，お写真をご提供いただいた。ここにお礼申し上げたい。

　本書の執筆の過程で，松尾貴巳，堀口悟史，水野学，加藤俊彦，森村文一，結城祥の諸氏に草稿に対し前向きで有益なコメントをいただいた。本書が読みやすく，読者にとって読みたい内容がいくつか入っていると思ってもらえるとすればこれら6人の方々からのフィードバックに負うものが多い。記して感謝したい。

　本書は藤原書店，河上肇賞に応募した原稿を基にしている。本書はその原稿に大幅に手を入れ，章立ても変わったものとなっているが，もとの原稿に対し時間をかけ審査いただき，奨励賞の評価をくださった藤原書店藤原良雄社長と河上肇賞審査員の皆様にはここでお礼申し上げたい。経営学について

書いたものを，経営学以外を専門分野とする，目の肥えた読み手の方々に読んでいただき高い評価をいただけたのは望外の喜びであった。そうした評価があったからこそ，本書を，自信を持って世に問うことができている。

　最後に出版事情が厳しい中，本書の出版をご快諾いただき編集の労を取っていただいた白桃書房大矢栄一郎社長には心より厚くお礼申し上げたい。

●索引

さ行

た行

わ行

【著者略歴】

小川　進　（おがわ　すすむ）

神戸大学大学院経営学研究科教授　MITリサーチ・アフィリエイト
1964年生まれ。1998年にマサチューセッツ工科大学（MIT）スローン経営大
学院にてPh.D.，2000年に神戸大学より博士号（商学）を取得。
研究領域はイノベーション，マーケティング，経営戦略。
ユーザーイノベーション研究の創始者フォン・ヒッペル（MIT）の下で博士
号を取得した後，共同で論文を執筆したただ1人の日本人。
『ユーザーイノベーション』（東洋経済新報社）は同分野のバイブル的存在と
なっている。組織学会高宮晋賞（2001年），東洋経済新報社高橋亀吉記念賞
（2012年，優秀賞）など多くの受賞歴がある。

■ 世界標準研究を発信した日本人経営学者たち
—日本経営学革新史1976 – 2000年—

■ 発行日——2021年3月27日　初版発行　　　　　　　　　　〈検印省略〉

■ 著　者——小川　進

■ 発行者——大矢栄一郎

■ 発行所——株式会社　白桃書房

　　　　　〒101 - 0021　東京都千代田区外神田5 - 1 - 15
　　　　　☎03 - 3836 - 4781　📠03 -3836 - 9370　振替00100 - 4 - 20192
　　　　　http://www.hakutou.co.jp/

■ 印刷・製本——藤原印刷

©OGAWA, Susumu 2021 Printed in Japan ISBN 978-4-561-16185-1 C3034

好 評 書